花都古村落探寻

花都文史 第三十三辑

HUADU GUCUNLUO TANXUN

政协广州市花都区委员会 编

卢福汉 著

华南理工大学出版社

·广州·

图书在版编目（CIP）数据

花都古村落探寻/卢福汉著；政协广州市花都区委员会编. —广州：华南理工大学出版社，2018.11
ISBN 978-7-5623-5835-0

Ⅰ.①花… Ⅱ.①卢…②政… Ⅲ.①村落-介绍-花都区 Ⅳ.①K926.55

中国版本图书馆CIP数据核字（2018）第240854号

花都古村落探寻
卢福汉 著
政协广州市花都区委员会编

出 版 人：卢家明
出版发行：华南理工大学出版社
　　　　　（广州五山华南理工大学17号楼，邮编：510640）
　　　　　http://www.scutpress.com.cn　E-mail: scutc13@scut.edu.cn
　　　　　营销部电话：020-87113487　87111048（传真）
策划编辑：罗月花
责任编辑：罗月花
印 刷 者：广州市新怡印务有限公司
开　　本：787mm×960mm　1/16　印张：14.25　字数：256千
版　　次：2018年11月第1版　2018年11月第1次印刷
定　　价：98.00元

版权所有　盗版必究　　印装差错　负责调换

编委会

主　任：全泰源

主　编：龙　敏

副主编：邓静宜

成　员：

全泰源	龙　敏	邓静宜	卢福汉	胡力平
龚伯洪	刘兆江	刘武松	李　远	罗祥林
贺　安	吴术球	刘　浪	冯丽华	张　仪
罗文捷	雷慕辉	刘晓云	徐旺兴	和匀生
邓沛煊	关振伦	徐文锦	姚朗宁	黄永奎

　　古村落研究，是国内外重视的课题。多年来，广东省、广州市文化部门对古村落的普查与研究做了不少工作。花都区文化部门对古村落研究也非常重视，组织团队下乡搜集资料、整理研究，对此付出不少心血，在姓氏源流、历史沿革、村庄建设、生活生产、文物古迹、民情风俗、杰出人物等方面，都积累了不少资料。《花都乡音》杂志也特辟专栏，请花都文化干部卢福汉先生撰文，介绍十余个花都著名古村落的胜景与人文内涵，发表后获誉良多。如今，花都区政协把这批文章结集成《花都古村落探寻》一书出版，实在是弘扬优秀传统文化、增强文化自信、促进爱国爱乡之情的好举措。

　　古村落承载着中国优秀传统文化的丰富内涵，凝聚着乡亲浓浓的爱国情韵，所以文化部门着意为古村落树立名牌意识，通过全方位展示古村落，以增进人们热爱乡土的情怀，加强海内外乡亲的联谊。

　　笔者为花都白坭茂兰村人，也曾调研古村落十年，深感古村落对人们心灵慰藉的重要。原住民即使远离十万八千里，仍有吟不尽的乡愁，寻根意识挥之不去，笔者当年也曾被古村落的门口塘、破旧的祠堂，引起无尽的遐思，写下《故乡夜》诗一首，以表心中情结：

　　　　蛙鼓夕阳斜，田畴隔薄纱。
　　　　天风移淡絮，曲水引蟾华。
　　　　柳钓一湖月，萤镶半岭花。
　　　　多情何处最？乡语对乡茶。

　　古村落的人文情怀，是斩不断的情丝。即使经历不堪回首的动乱，远方游子仍然依恋着故乡。花都的古村落资源非常丰富，本书所列的十余个村落不过是其中的代表，如今大多列入美丽乡村建设之列，不少古村落在

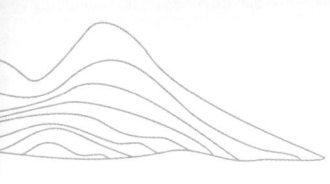

做好保护规划的同时,还重修祠堂庙宇,恢复民间节诞庆贺活动。如过年舞狮摆巷头、元宵投灯游灯、端午扒龙船、中秋烧禾楼(烧番塔)、重阳敬老聚福等民俗活动,以及三华村御史大王诞、水口村康公诞、茶塘村洪圣诞、田美村北帝诞、鸭湖村天后诞等各村特有的神诞祈福活动,令不少非物质文化遗产项目得到活态传承。如今,塱头村的和谐人居、茶塘村的耕读文化、藏书院村的洪拳传承、港头村的书香传统、缠岗村的重阳活动、马溪村的历史名人故事、莲塘村的九曲河情韵、蓝田村的四季花海、田心庄的民居艺术、三华村的古建博览园、洛场村的碉楼风采……已经成为引人注目的旅游点或研究点。这些都激励着村民与远方的乡亲,为家乡、为祖国作出应有的贡献,于新时代为圆伟大的"中国梦"而努力。

  在本书成书之际,笔者应作者之邀,饶舌几句,聊作小序,不胜惶恐之至。

龚伯洪
广州市政府文史研究馆馆员
广东岭南诗社副社长
2018年6月

目 录

■ 引言
我和古村落的故事 ……………………………………………… 1

■ 塱头村
塱头村的保护与发展 …………………………………………… 11
山水田园　和谐人居——解读塱头村古建筑群的和谐文化 …… 17
鲤鱼涌与青云桥 ………………………………………………… 22
塱头村的立村传说 ……………………………………………… 27

■ 茶塘村
茶塘古韵 ………………………………………………………… 31
茶塘庙 …………………………………………………………… 38
肯堂书室的装饰工艺欣赏 ……………………………………… 44
汤雨时一朝中举满地油 ………………………………………… 50

■ 藏书院村
钟灵毓秀藏书院 ………………………………………………… 54
拳出一声龙侧耳　棍通三点虎低头——藏书院村洪拳的传承与发展 …… 61
民国陆军少将谭生林 …………………………………………… 66

■ 高溪村田心庄

高溪古韵话田心 …… 71
民居——田心之魂 …… 77
田心庄的传奇故事 …… 82

■ 三华村

三华千载寄乡愁 …… 88
庙祀水仙桥锁蛟——探寻三华村水乡文化踪迹 …… 97
祠院煌煌冠花都——记广东省文物保护单位资政大夫祠建筑群 …… 102
辛亥黄花凝碧血——记黄花岗之役徐维扬与十八烈士 …… 107

■ 港头村

港头古韵 …… 112
人民食堂的那些年那些事 …… 119
佛门泰斗 诗坛大家——诗僧天然和尚传略 …… 124

■ 蓝田村

赤坭蓝田堪种玉 …… 131
花为媒 引客来——志惠农场闯出乡村旅游一片天 …… 136
一座贞节牌坊 一首哀怨悲歌——蓝田村节孝流芳牌坊的启示 …… 139

■ 缠岗村

花都最西端的古村 …… 144
缠岗六德和合亲 …… 150
缠岗人过重九 …… 154

■ 马溪村
巴江河畔话马溪 ··· 159
马溪人"家"的情结 ··· 165
地之灵奇 人之秀杰 —— 马溪村历史名人传略 ··············· 171

■ 莲塘村
九曲河畔话莲塘 ··· 178
莲塘古韵意悠长 ··· 184
榕树脚下流传的故事 ··· 188

■ 洛场村
洛场侨韵绕乡愁 ··· 193
侨乡最美是碉楼 ··· 199
洛场江氏竞风流 ··· 204
关心桑梓 功绩永存 —— 洛场村侨胞捐办学校史略 ··············· 209
凤凰涅磐 和鸣九天 —— 洛场村"花山小镇"成长记 ··············· 213

后记 ·· 218

引　言　　1

我和古村落的故事

回家坐坐

　　我是一个相信缘分的人。

　　二十年前，我从天天唱唱跳跳的文化馆调到仿佛被时光凝固了的博物馆，这是一个极大的反差，因为我相信缘分，所以随遇而安。

　　于是，我静下心来，开始慢慢了解和初浅研究花都的历史文化，开始聆听和收集天然和尚、王永名、黄士龙、洪秀全、冯云山、骆秉章、汤廷光、朱兆莘、宋维钊、商衍鎏、白玉堂等花都名人的故事，开始留意和欣赏祠堂里的石雕、砖雕、木雕、灰塑和壁画等装饰工艺，开始观察和分辨雀替、挑头、柁墩、斗拱、虾公梁、封檐板、镬耳山墙等建筑构件名称，开始走进和触摸灰塑、广州珐琅、盘古王诞、康公诞、投灯游灯、南狮等非物质文化遗产，开始大胆地行走和探寻于荒僻苍凉的古墓、神秘森然的庙宇、庄严古朴的祠堂和阴暗潮湿的老宅间……

　　五年之后，广州市开展了第四次文物普查，我作为花都普查工作组的骨干，参与了这次号称"地毯式"的文物普查。文物普查的三年间，我们忍受着酷暑炎天车内与野外冰火两重天的煎熬，忍受着严冬腊月刺骨寒风的肆掠，忍受着白天田野调查晚上整理资料所带来的极度疲累。可以说，三年下乡，于身体是严重的透支，于心灵是难得的洗礼，于精神是不断的升华；三年下乡，我完成了平时可能一辈子都无法完成的事，足迹踏遍了全区的每一个乡村，对本土历史文化和民情风俗有了一个大致的了解，文物普查给了我宝贵的知识积淀，以至于只要听口音知姓氏基本可以断定是哪个村人；三年下乡，我惊叹于在本土还保存着这么多井然划一、平整端肃的古村落，惊叹于祠堂与碉楼的装饰竟是如此的精美，惊叹于古人对建村立宅的风水追求竟是如此的讲究，惊叹于穷乡僻野间竟走出了这么多的先贤圣哲……一种对古人景仰和对家乡眷恋的感情不禁油然而生。

然而，每一次走进古村落，五味杂陈的心境多了一种悲酸凄凉的感觉。古村落呈现出更多的是萧条破败的景象，到处是颓垣败瓦，到处是檩折梁倾，到处是丛生杂草，而且多数已成"空心村"，只剩些许老人在孤独的深巷中静坐，无聊地打发最后的寂寞时光。

普查完毕后，我回到了文广新局办公室工作，每天重复着一些琐碎的内务，而且一呆就是十年，似乎跟古村落再没有联系了。然而，我总感觉冥冥之中有一股神秘的丝线将我和古村落紧紧捆绑着，扯不断理还乱，这或许是我们的缘分吧。

2013年12月，习近平总书记在中央城镇化工作会议上提出："要依托现有山水脉络等独特风光，让城市融入大自然，让居民望得见山，看得见水，记得住乡愁。"2015年6月，习近平总书记在湖北考察时强调："特别

寂寞深巷

村宴

晒花

乐趣

寻根

是古村落要保护好,这对于建设美丽中国,建设文化强国,传承中华传统文化,增强民族自豪感和心灵归属感,提升国家文化软实力和国际影响竞争力,都具有重要的现实价值和深远的历史意义。"《花都乡音》杂志作为家乡连接海外游子的桥梁与纽带,率先把握到时代的脉搏,把家乡的信息传递给海外侨胞,计划推出"古村落"专题,约我写写花都古村落的故事,于是我再一次与古村落结缘,并开始思考古村落与乡愁的关系。

按我理解,乡愁是游子对故乡的思念、牵挂和眷恋,是游子"落叶归根"的乡土情结和心灵归属的渴望,它既是忧伤的又是美好而富有诗意的。

人生的旅途会有许多经历,有成功的喜悦也有失意的悲观,有酸甜苦辣也有悲欢离合,有迷人的风景也有动听的故事……这些记忆会深深印在脑海里,而其中最熟悉、最深刻的肯定是自己的家乡,最难忘、最美好的莫过于童年的往事。

让我们穿越回童年时代,背景是青山绿水掩映下的古村落,主角"童年"出现在不同的场景:有爬上开满野花的后山采摘岗稔子的,有出神地望着燕子在肃然高耸的镬耳祠堂中穿梭呢喃的,有在青云巷里追逐着公鸡要拔它们漂亮的翎毛做毽子的,有推着铁圈儿在布满鸡公车辙痕的石板路上赛跑的,有坐在村头浓荫蔽日的古榕下听阿爷讲故事的,有站在村尾虬枝盘曲的老木棉下用竹篙采花给阿婆煲祛湿茶的,有在堆满金灿灿稻谷的地堂上玩"捉依人"(捉迷藏)和"跳飞机"的,有在井泉边围着洗菜搓衣的村妇身边戏水打闹的,有跳进半月形水塘凫水嬉戏和摸石螺的,有爬上塘基采摘树上的"糯米糍"(荔枝的一个品种)和"鸡屎果"(番石榴)的,有骑着水牛在石拱桥上悠然唱着牧歌吹着短笛的,有在蜿蜒清澈的流溪河中放鸭子和筛沙蚬的,有在开满紫云英花的田野上玩"麻鹰捉鸡仔"和放纸鹞的……这些或许就是萦绕在人们心中的"乡愁"了,而引人叙发乡愁的大多是人们出生成长的摇篮——古村落。

古村落是指民国之前建村,有现存比较完整的历史记忆、文化遗存和民俗风情,居民还在此生产和生活着的村落。古村落具有悠久的人文历史和深厚的文化底蕴,既包括村落的规划、布局和庙祠、民居、塔楼、桥梁、巷道、井泉、水塘、树木等物态遗存,也蕴含着民风习俗、传统节日、民间信仰、传统技艺、传奇故事等活态传承,这些构成了一个完整的社会生活网络。这是我国农耕文明留给我们的宝贵文化遗产,是一个地区历史文明的重要见证和文化传承的重要载体,它承载着这个地区的历史记忆、生产生活智慧、文化艺术结晶和民族地域特色,寄托着我们浓重的乡愁。

人的记忆有赖于记载人生历程的各种"符号"。一封发黄的家书,每每翻阅,还是让你泪湿襟衫;一件母亲密密缝的寒衣,不管走过多少城市搬了多少次家,仍然珍藏在从家乡带来的樟木笼中;身居城中光鲜的楼房和宽敞的别墅,看着故乡老房子的旧照,似乎又闻到了那股熟悉的令人陶醉的稻草与牛粪混合的味道……从三皇五帝到唐宋明清,从北疆雪乡到南国花城,从西域高原到东海渔村,不同年代不同地域不同民族都有不同的历史轨迹和文化遗存,所谓"文以物载,物以文传",人类文明即赖此以薪尽火传,古今相承,臻于繁盛。一个集体、一个民族的记忆就更有赖于这种"符号"和这个载体一代一代传承下去,而古村落正是能够唤起集体

乡井

乡情

记忆的重要"符号"和载体。我国民俗专家冯骥才指出:"古村落孕育了中华传统文化,中华文明最遥远绵长的根就在村落里,我国1300多项国家级非物质文化遗产绝大多数都在这些古村落里,少数民族的非物质文化遗产更是全部都在村落中。"因此,如果古村落失去其传统形态,历史痕迹没了,我们就无法找到"符号",无法找到这种载体,故乡就不存在了,乡愁也就中断了。所以说,保护好古村落,才能留得住乡愁。

从2015年起,我对花都11个省级古村落再次进行探访。探访中,看到大多数古村落都被列入美丽乡村的建设范围,古村落的人居环境得到了较大的改善,不少古村落还恢复了贺诞酬神、过年聚福、元宵投灯、舞狮采青等民俗活动。此外,地方政府还把醒狮大赛、芋头节、荔枝节、龙眼节、荷花节、油菜花节等文化活动安排在古村落中举行,提高了古村落的知名度和美誉度,吸引了更多的人走进古村落,触摸乡村的历史,唤醒沉睡的记忆,寻回失落了的乡愁。

经过三年的努力,编写花都古村落故事的任务终于完成。在这个专题中,我将古村落中的姓氏源流、历史沿革、村庄建设、生活生产、文物古迹、民情风俗、人物传记等进行了大扫描。

我以为我和古村落的故事就这样结束,承蒙区政协厚爱,将花都古村落的故事结集出版。我希望,这本《花都古村落探寻》能够勾起大家对家乡的美好回忆,感受到乡音乡情的可贵,让美丽的古村落慰藉大家久违了的乡愁!

附件:花都区古村落资源情况统计表

花都区古村落资源情况统计表

序号	村名	所属	立村时间	保存现状	备注
01	塱头村	炭步镇	据传元朝至正二十七年（1367）立村，距今650余年。	1. 整体格局保存较好，由于远离城区，地处农田保护区，新旧村分别建设，古村落的保存状况较好。分塱东、塱中、塱西三社，古建筑群气势恢宏，周边农田广袤，水脉交织，整体环境和谐。 2. 保存完整的明清古建筑330余座，其中祠堂、书院（室）30余座，牌坊1座，桥梁1座，炮楼、门楼6座，民宅200余座，巷里20多条，以村面30余座祠堂建筑一字排开尤为壮观，为花都西隅最为突出的村落。 3. 非物质文化保存完整：保存了典型的耕读文化、丰富的地方历史和传说，其中以"铁汉公"黄皞为代表，如"七子五登科，父子两乡贤""奉旨放木鹅"等，以及活态的民俗文化等。	1. 2000年被公布为广州市内部控制历史文化保护区。 2. 2008年被公布为第一批广东省古村落，2012年被公布为第二批中国传统村落，2012年被公布为广东省第三批历史文化名村，2012年被公布为广东最美古村落（30强），2013年被公布为国家"3A"级景区，2014被公布为第六批中国历史文化名村。 3. 广东省文物保护单位4处：友兰公祠、乡贤栎坡公祠、留耕公祠、云伍公书室。 4. 广州市文物保护单位4处：青云桥、谷诒书室、黄谷诒墓、黄菽圃夫妇墓。 5. 花都区美丽乡村建设试点村。 6. 村民多姓黄，文化名人有黄皞。
02	茶塘村	炭步镇	据传南宋时期立村，距今700余年。	1. 村落整体格局保存较好，自然环境优美，但靠近公路一边，环境破坏较大。 2. 保存明清古建筑120余座，其中庙宇1座，祠堂和书院（室）约20座，民宅100余座，是花都西隅较为突出的村落。 3. 非物质文化保存较好：该村"洪圣古庙"是地方民俗中心之一，流传"茶塘庙，塱头桥"之说；书院、书室反映了浓厚的耕读文化；岭南水乡风景保存较好。	1. 2009年被公布为第二批广东省古村落。 2. 广东省文物保护单位6处：洪圣古庙、明峰汤公祠、南寿家塾、万成汤公祠、肯堂书室、乡约。 3. 村民多姓汤，文化名人有汤雨时。
03	藏书院村	炭步镇	据传明末立村，距今约400年。	1. 村落整体格局保存较完整，梳式布局，近年村面古建筑得到有效的修缮，周边环境保护较好。 2. 保存古建筑70余座，有庙宇1座，祠堂和书室14座，民宅近60座，巷里10余条。 3. 非物质文化较为典型，该村"洪圣古庙"是地方民俗中心之一，特别是有"洪拳之乡"的美誉，活态的民俗及浓厚的耕读文化得到传承。	1. 2009年被公布为第二批广东省古村落，花都区美丽乡村建设试点村。 2. 广东省文物保护单位1处：谭氏宗祠。 3. 村民多姓谭。文化名人有谭生林，曾历任李汉魂部一五五师四六六旅副旅长、旅长，一五五师副师长等职，授陆军少将衔。

续上表

序号	村名	所属	立村时间	保存现状	备注
04	三华村	新华街	据传北宋元丰八年（1085）立村，距今930余年。	1. 整体格局保存一般，由于靠近城区，建设性破坏较为严重。其中，以中华社保存较为完整。 2. 据不完全统计，三华村有庙宇1座、祠堂近30座，有价值的古民居170余座。 3. 非物质文化遗产丰富：例如，水仙古庙"御史大王诞"做大戏、端午扒龙船、春节舞狮等传统民俗活动；16位徐姓黄花岗烈士的爱国主义题材；村内一条"猪仔巷"反映外国侵华、劳工输出的历史；村落水塘连片泽水而居的"蟹形"布局反映人与自然的和谐与风水文化等。	1. 2009年，被公布为第二批广东省古村落。 2. 广东省文物保护单位1处：资政大夫祠建筑群。 3. 广州市文物保护单位3处：中国同盟会番花分会旧址、徐氏大宗祠和默奄徐公祠。 4. 为典型的城中村，村民多姓徐，文化名人有徐维扬、辛亥革命黄花岗16烈士、香港知名人士徐小明等。
05	高溪村田心庄	花东镇	据传清嘉庆三年（1798）立村，距今220年。	1. 整体格局整齐划一，状似棋盘，保存完整，周边环境保持较好。 2. 保存古建筑约40余座，有祠堂1座，其余均为形制风格均为一致的民居，建筑工艺精美。 3. 寓意钱财有进无出的"犀斗巷"风水文化以及保存活态民俗等。	1. 2000年被公布为广州市内部控制历史文化保护区，2009年被公布为第二批广东省古村落，2012年被公布为广东省第三批历史文化名村。 2. 为广州市文物保护单位。 3. 为花都区美丽乡村建设重点村，村民多姓欧阳。
06	港头村	花东镇	据传元至正十八年（1358）立村，距今660年。	1. 整体格局保存较为完整，周边环境保持较好。 2. 保存完整古建筑80余座，有祠堂1座。 3. 有"西隅望头，东隅港头"之说，该村旧时较为富裕，文风鼎盛，有举人以上几十人，任知县以上官员不下十人。	1. 2012年被公布为第三批广东省古村落。 2. 2014年被公布为第三批中国传统村落。 3. 为花都区美丽乡村建设重点村。 4. 村民多姓曾。
07	缠岗村	赤坭镇	据传明朝立村，距今500余年。	1. 整体格局保存较好，周边环境不错。 2. 保存完整古建筑90余座，有祠堂、书室、家塾、门楼和民居等。 3. 重阳登高、分鱼等民俗活动有特色。	1. 2015年被公布为第四批广东省古村落。 2. 花都区美丽乡村建设试点村。 3. 村民多姓罗。
08	蓝田村	赤坭镇	据传明朝立村，距今500余年。	1. 整体格局保存完整，周边环境保持较好。 2. 保存古建筑120余座，有祠堂数座，其余均为民居，人为破坏小，但保存状况堪忧。	1. 2015年被公布为第四批广东省古村落。 2. 广州市登记保护文物1处：节孝流芳牌坊。 3. 村民杂姓。
09	马溪村	秀全街	据传元朝立村，距今近800年。	1. 旧村整体格局保存较完整，布局清晰；由于靠近产业园区，周边环境一般，新旧村缺乏统一规划。 2. 保存古建筑200余座，庙宇1座、祠堂8座，部分民宅建筑精美，保存状况一般。 3. 保存活态民俗。	1. 2016年被公布为第五批广东省古村落。 2. 分为位育社、西河两社，位育社村民多姓黎，西河社村民多姓林。 3. 在秀全街工业园区附近，处在城乡结合部。

续上表

序号	村名	所属	立村时间	保存现状	备注
10	莲塘村	赤坭镇	据传明朝立村，距今600余年。	1. 整体格局保存完好，周边环境保持较好。 2. 保存古建筑500余座，其中祠堂有13座。 3. "花县八景"之一的"乌石幽奇"位于该村。 4. 广州市菜篮子工程的二线基地村，鱼米之乡。 5. 保存活态的民俗文化，如过年聚福活动等。	1. 2014年被评为广州市名镇名村，2015年与鲤塘、蓝田三个村被评为第三批广州市新农村示范片，2016年被评为第五批广东省古村落、第三批广州市美丽乡村示范村，2017年与蓝田、鲤塘三村被评为广东省新农村示范片。 2. 分为莲塘、陂塘、小迳、官坑四个自然村。 3. 村民姓骆、卢、甘、周、邓等。
11	洛场村	花山镇	据传明朝立村，距今500余年。	1. 著名侨乡，村民旅居美国为多，占据村人口一半以上，有5000多人。 2. 现存53座碉楼及大量青砖瓦房，有"洛场碉楼"美誉。 3. 2013年以庞大的碉楼建筑群建设"花山小镇"，计划投资1亿元。 4. 保存活态的民俗文化。	1. 2016年被公布为第五批广东省古村落。 2. 文化名人有民国广东省政府参议江起鹏、美国首位华人州务卿江月桂、乒乓球名宿江嘉良等。
12	小东围村	花城街	据传清初立村，距今300余年。	1. 整体格局保存较好，梳式布局，平整规肃，周边环境保持一般。 2. 保存古建筑120余座，破坏较少，有庙宇1座、祠堂3座。 3. 有舞狮、游灯投灯等民俗活动及耙齿巷等风水文化等。	1. 为自然村，隶属三东村。 2. 距离花都区中轴线规划较近。 3. 村民多姓邓。
13	石湖村坎头社	炭步镇	据传宋时立村，距今约700年。	1. 村落格局保存较完整。 2. 保存古建筑约几十座，其中以汤金铭民宅保存最好。 3. 保存活态民俗文化。	为自然村，隶属石湖村，村民多姓汤。文化名人有汤金铭，晚清拔贡，曾任广雅书院校长（曾任民国广东省省长、授海军中将衔的著名清末民初海军将领汤廷光同为石湖村人）。
14	黄沙塘村	赤坭镇	据传明末清初立村，距今300余年。	1. 整体格局保存完整，但规划布局较为凌乱，周边环境尚好。 2. 保存古建筑100余座，有庙宇2座，祠堂3座，状况一般。 3. 华侨众多。	1. 广州市文物保护单位1处：朱兆莘旧宅。 2. 花都区美丽乡村建设重点村。 3. 杂姓，文化名人朱兆莘为民国外交要员，朱桂芳、朱珩、朱兆莘公孙三代同为举人，有"三代举人"之说。
15	白石村	赤坭镇	据传清初立村，距今300余年。	1. 整体格局保存完整，周边环境优美。 2. 保存古建筑60余座，人为破坏较少。 3. 由于新旧村分开，目前村里只有少数老人居住，非物质文化保存不理想。	村民多姓高。

续上表

序号	村名	所属	立村时间	保存现状	备注
16	西头村新林庄	狮岭镇	据传清道光二十五年（1845）立村，距今170余年。	1. 村落格局保存较完整。 2. 保存古建筑几十座。 3. 保存活态民俗文化。	为自然村，隶属西头村，村民多姓林。
17	平西村村滋庄	花山镇	据传清嘉庆道光年间立村，距今200余年。	1. 村落格局保存较完整。 2. 保存古建筑几十座。 3. 保存活态民俗文化。	为自然村，隶属平西村，村民多姓刘。
18	其他古村落群	炭步镇有鸭湖村（张姓）、鸭一村（罗姓）、石湖村（汤姓）、骆村（骆姓）、华岭村（骆姓）、步云村（李姓）和水口村（任姓）等。		1. 炭步镇的古村落分布较为集中，被授予"广东古村落文化保护基地（广府村落）"。 2. 基本格局都保存较好，古建数量较大（目前还没有确切的统计数字），在古建筑、古村落、民俗、人类学、历史、民间文学等领域有巨大的研究价值。 3. 这些古村落自然环境普遍较好，保存着原生态的岭南水乡景观，保存着活态的民间民俗文化。 4. 这些古村落立村都有几百年，有着悠久的历史，在地方社会经济文化发展中曾经扮演过重要的角色，蕴含着丰富的地方历史文化资源。	

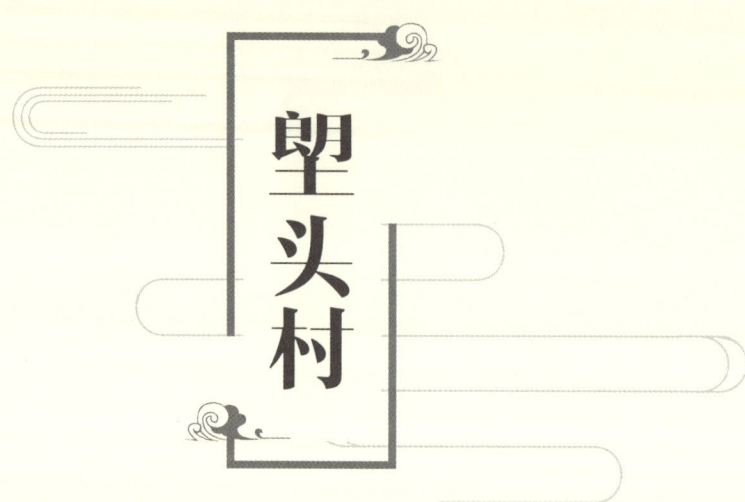

塱头村

塱头村的保护与发展

过去，花县（今广州市花都区）有"西有塱头，东有港头""塱头桥，茶塘庙"的说法，这说明塱头村在过去是很有名气的。时移世易，历史的沧海桑田会给这个曾经赫赫有名的村子留下什么样的岁月痕迹呢？让我们走进塱头古村细细品味。

塱头村概况

古代北江曾有三大分汊支流，分别是白坭河从清远石角、芦苞涌从三水芦苞、西南涌从三水西南一起汇入广州珠江。这三河道在宋、元、明三朝第次成为珠玑巷南下移民的重要水路通道，均流经今天的炭步镇附近，移民经此三路迁居广州，再分迁到珠江三角洲腹地。位于炭步镇西南的塱头村在明代地属南海县，正处于白坭河以南、西南涌以北汇合的冲积平原带，河汊交织，湖泊密布，土地肥沃，物产丰饶，水陆交通便捷，农渔工商均宜，人居环境较为理想。

黄氏宗族于南宋末年沿水路从珠玑巷南迁至广州北郊神山镇，元至正二十七年（1367）迁塱头村，扎根落户，繁衍生息。由于该村地理位置特殊，自然资源丰富，村民生活相对富裕，因此得风气之先，较早开启文化教育，深受儒家传统熏陶，族人每代均有考取功名者，可谓"文章华国，诗礼传家"，形成了以"忙耕闲读"为特色的宗族文化传统。到了立村的第五代，宗族主事黄宗善高瞻远瞩，对村落做出了长远的规划，在原风水格局的基础上纵横拓展，形成了一个布局合理、规划统一、规模宏大、极具岭南特色的传统广府村落，与东隅的港头村各领风骚，于是就有了文章开篇的说法。

该村前临水泽，后有靠山。村前是广袤的农田，玉带般的青云桥横卧在鲤鱼涌上。村面的禾坪宽阔，与村面同宽的水塘能映出村子的倒影。塘基种满荔枝树、龙眼树和榕树，与村头、村尾、村后数棵参天古榕和木棉

塱西社

堡头砖雕"文章华国"

堡头砖雕"诗礼传家"

树环抱村子，形成幽雅、自然、和谐的环境。

村落建筑坐北朝南，占地6万多平方米，呈梳式布局，南低北高，房屋随深巷次第升高，既有利于通风纳阳和排水，又造成单体建筑之间的起伏变化，颇具美感。村面的建筑主要为庙宇、祠堂、书院、书室、牌坊、门楼和市头等，严肃规整，气势恢弘，可惜多座庙宇、牌坊、门楼及围墙在中华人民共和国成立后被人为毁坏。在众多祠堂和书室中，要数塱西社的友兰公祠和塱中社的谷诒书室造工最为精美。友兰公祠为广东省文物保护单位，祠内建有接旨亭。据黄氏族谱记载，接旨亭是黄学基（字友兰）父亲黄皞和五弟黄学准被封"父子乡贤"为接圣旨而建。谷诒书室的建筑装饰工艺精湛，木雕、石雕、砖雕、壁画、灰塑等异常精美。村里的民居多为"三间两廊"式建筑，其中"积墨楼"为谷诒书室的主人黄谷诒的宅第，分两路共有8座建筑，每路4座排列在里巷两边，左列为高耸美观的镬耳封火山墙，右列为平实规整的人字山墙，部分建筑设趟栊门、铁门槛，墙体镶嵌两米高的花岗岩石脚，整体高大气派，建筑工艺为该村民居之最。

塱头村一向注重保持村落与周边环境的协调发展，形成明显的传统广府村落特色，虽然历经六百多年的风侵雨蚀和历史变迁，却仍然保持着原有"山、村、水、田"的岭南风格。现村落主要为明清两代建筑特征，保存完整的青砖建筑有380多座，其中祠堂、书院（室）30多座，牌坊1座，桥梁1座，炮楼、门楼6座，民宅300多座，巷里20多条，其建设规模、建筑工艺和保存完整性均为花都古村落之首。同时，塱头村还注重文化活态传承，拥有较为丰富的非物质文化遗产，保留着"天天拜神，月月祭祖，年年做寿"的民间习俗，流传着"公孙八科甲""七子五登科""父子两乡贤""奉旨放木鹅"等民间传奇，传承着春节舞狮、投灯、游灯等节庆活动，飘荡着"私伙局"悦耳动听的粤韵南音，飘溢着秘制鱼酱、南乳炆猪肉和豆豉炆牛仔肉等舌尖味道……现在，塱头村仍然是花都最美的古村落。

保护与发展

随着新农村建设的不断深入，古村落资源面临着巨大的挑战。一方面，房地产热潮已经从城市中心涌到了附城周边，山林水库已经布满洋房别墅，开发商的推土机很快就会开到乡村；另一方面，随着村民逐渐的搬离，古村落将成为"空壳"村落，失去其活态传承的核心价值。

近几年，古村落的保护越来越受人关注，各级政府开始采取种种办法加以保护与利用。国务院于2003年开始实施中国历史文化名城名镇名村评定工作，2008年出台了《历史文化名城名镇名村保护条例》；国家住建部、文化部、国家文物局和财政部于2012年开始实施中国传统村落评定工作，出台了《关于加强传统村落保护发展工作的指导意见》和《关于切实

看大戏

村中喜事

加强中国传统村落保护的指导意见》。广东省文联、广东省民间文艺家协会于2007年在全国率先启动广东省古村落评定工作。花都将打造"花都古村落"文化名片写进区政府工作报告,以塱头村为重点做好古村落的保护与发展工作。一是召开专题研讨会,提高对古村落保护与发展意义的认识。于2010年和2014年分别召开全国和广东省的古村落保护与发展研讨会,通过高端论坛探索古村落保护与开发的规律,实现古村落的科学保护与发展。二是举办文化活动,提升古村落的知名度和美誉度。在塱头村每年举办一届芋头文化节,成了该村最有特色的文化活动。2011年6月举行了广州市首届广东传统醒狮表演赛和"狮舞羊城"摄影比赛,全市12区市(县级市)近30个醒狮队跃舞塱头,宁静的古村一片欢腾。2014年6月举行了第三届荷花节,观莲思廉、公益学堂、粽爱端午、古村寻味等九大主题活动精彩纷呈,传统文化与乡村旅游得到很好的融合和发展。三是抓住特色,大力发展文化产业。"明伦书院"于2014年租下村里约6万平方米的民居、部分农田及水域,深入挖掘该村的历史文化内涵,整理其有关历史人物、历史建筑和历史故事,恢复古村落原有生态风貌,优化乡村休闲的旅游环境,营造乡村景色的空间美感,打造古村落与传统文化结合的综合文化产业园,走出一条"保""用"并举的新路子。

塱头村在各级政府和社会各界的关心支持下,围绕创建历史文化名

芋头文化节

中国古村落保护与发展研讨会会员参观塱头村留影

村、中国传统村落、国家"AAA"旅游景区和美丽乡村建设等活动，脚踏实地，不断自我完善和提升。据不完全统计，近几年各级政府对塱头村的投入达到了3000多万元。经过多年的打造，塱头村的保护与发展取得斐然成绩：2000年被公布为广州市内部控制历史文化保护区，纳入广州市历史文化名城保护规划；2006年被公布为花都最佳历史古村落；2008年被公布为广东省古村落，成为全省首批27个古村落之一；2010年被公布为广州特色古村落、花都乡村旅游点，并被授予"广东古村落文化保护基地（广府村落）"称号；2012年被公布为中国楹联文化名村、广东省历史文化名村和广东省最美古村落30强；2013年被公布为第二批中国传统村落、国家级"AAA"旅游景区；2014年被公布为第六批中国历史文化名村；2015年被公布为广东省旅游名村、广州市第三批美丽乡村试点村……

塱头村，就像一部地方史、一所学校和一本教科书，让我们走进这所不放假的学校，去阅览这卷绵长的历史画轴，认识中华民族悠久的历史和优良传统，寄托悠悠乡愁，接受心灵洗礼，增强民族自信，丰富精神家园！

山水田园 和谐人居
——解读塱头村古建筑的和谐文化

  和谐，是当今世界的主旋律。景物和谐，如红花要绿叶扶持，蓝天有白云映衬，高山与流水和应，置身其中令人赏心悦目；社会和谐，经济、政治、文化、生态协调发展，国家就能繁荣安定。花都区确立了"山水田园 和谐人居"的城市发展理念，强调的是人与自然、建筑与自然和谐共处的关系。其实，古人建村立宅，讲究依山傍水和藏风聚气，崇尚"左青龙、右白虎、前朱雀、后玄武"格局，无论是村落的选址、布局还是村中的建筑物，和谐元素无处不在，处处体现先民对美好社会和理想生活的向往和追求。让我们走进塱头村，以建筑物为重点去解读古村落的和谐文化。

塱头村古建筑概况

塱头村位于炭步镇西南，立村近650年历史，因村前原是大片湖泽而立村于小岗故名。该村坐北朝南，规划统一，整体平面布局呈梳式，前低后高，村面长约千米，分塱东、塱中和塱西三社，其中塱东社和塱中社相连，与塱西社以一条名叫"深潭"的小河涌相隔，周边砌以围墙形成极具防御性的围村。该村规模宏大，建筑占地6万多平方米，现保存完整的明清年代青砖建筑近400座。

其中，近30座祠堂、书院、书室、书舍在村面一字排列，气势恢宏，蔚为壮观，渗透着浓浓的文韵书香气息，体现了当地耕读为本和崇文重教的风气。有6座门楼、更楼把守在村前村后重要的位置，桥梁、庙宇（已湮没）和牌坊等标志性建筑有序设置在对外交通要道上，榕树、木棉、荔枝、龙眼等南国名木点缀其间，彰显祖先荣耀的旗杆夹矗立在开阔的村面上，连片的水塘倒映着远处丫髻中洞二山和近处高耸气派的镬耳大屋，广袤的田畴一片绿意盎然，古朴的人文建筑与优美的自然环境构成一道和谐宁静的乡村风景，诗画般的意境着实令人陶醉。

塱头古建和谐元素

塱头古村,无论是河涌水塘还是桥梁巷里,无论是祠堂书院还是民居宅第,无论是建筑构件还是装饰工艺,处处渗透着幸福美好的和谐元素,无不寓意着吉祥如意的朴素情感。

○镬耳屋。塱头村的祠堂、书院和民居,其建筑普遍施以镬耳封火山墙。例如,渔隐公祠、留耕公祠、以湘公祠、谷诒书室、"积墨楼"民居等等,我们将这些建筑称为"镬耳屋"(也称"锅耳屋")。镬耳山墙基本为黑色,在五行中为水,能克火,具有防火作用,而高耸的山墙能有效阻止火势蔓延祸及邻居,体现邻里照应的亲切人文关怀;同时,使建筑物增加空间层次的起伏,使村落形成高低跌宕的美感。这种山墙因形状像古代煮食的"镬"的双耳而故名,喻含了"民以食为天"的农本思想;又像古代的官帽而赋予了更深一层含义,有"独占鳌头"的寓意。

巷门楼

青云巷

○"三间两廊"民居。塱头村著名的民宅"积墨楼"是一组"三间两廊"式民居，这种典型的岭南传统民居建筑形制，主体建筑为三开间，前带两廊和天井。三间中者为厅堂，设有神楼，供奉祖先神位，体现当地慎终追远的传统美德；次间为居室，子女长大后可从中间开，一分为二，方便兄弟妯娌和睦相处。两廊设门通外，开门通风，闭门聚气，形成冬暖夏凉效果；屋面比主屋低，前低后高，既利去水，又有后来居上的含义。天井四周屋面有一侧内向，雨水落入天井，由暗渠汇入村前水塘，称为"四水归源"；天井与廊连接的一面以高墙围砌，称为"照壁"，能挡住主屋财气不往外泄。这样，构成一个既通风聚气又开合自如的三合院。

○鲤鱼涌与青云桥。在塱头村的前面有一条叫"鲤鱼涌"的河流，它西通"深潭"，东接巴江，最后汇入珠江。由于河涌上没有桥梁，给村民进出带来诸多不便。明正德二年（1507），该村明成化举人、享有"七子五登科""父子两乡贤"等美誉的乡贤黄皞，出资在鲤鱼涌上修建了一座石孔桥，取名"青云桥"，寓意"鲤跃龙门"就能"平步青云"，勉励村人奋发读书、考取功名、光宗耀祖、报效国家。

○水塘与巷里。塱头村每个社前面都有一口半月形的水塘，俗称"风水塘"，不仅能起到排水、去污、纳凉、消防等作用，还活化了村落环境,寓意"风生水起",使村子充满灵动气韵。另外,该村现存20多条巷里,前低后高,狭长、通风、阴凉,我们俗称为"冷巷",又称"青云巷",寓意"青云直上,步步高升",取名善庆里、新园里、敦仁里、丛桂里、三馀里、兴仁里、安居里、近光里、永福里、益善里、仁寿里、泰宁里、福贤里和西华里等,寓意颇深。

〇祠堂建筑的装饰工艺。祠堂是宗族的象征,更是游子乡愁的寄托。塱头村现存8座祠堂,坐落在村中最重要的位置。祠堂每一方寸都寄托着族人美好的愿望,其建筑装饰工艺主要有壁画、灰塑、砖雕、石雕和木雕等,富丽堂皇、琳琅满目,尽显和谐之美;题材以神话传说、民间故事和吉祥图案等为主,包含国家兴旺、宗族繁荣、子孙昌盛等种种吉事、好事、喜事,体现了人们对太平盛世、和谐社会、幸福生活的强烈向往和热切追求。

中国人对"家"有着深厚的文化情结,每个人心中都有一个"家"。小家可以指一个家庭或家族,大家可以指一个地区甚至整个国家。一个个的家庭组成了村落,一个个的村落构成了社会。从古村落建筑所蕴含的和谐文化,折射出中华传统文化的博大精深。让我们共同努力,保护好古村落,让更多人走进古村落,探究古村落深层次的文化意蕴,潜移默化地接受和谐文化的熏陶、启迪和教育!

友兰公祠接旨亭

塱头砖雕

鲤鱼涌与青云桥

过去,花都西隅有"茶塘庙,塱头桥"之说,其中"塱头桥"是指炭步塱头村一条名叫"青云"的桥。青云桥位于塱头村前东南侧,是村民出行的主要通道,因状如"玉带",又名玉带桥。青云桥下蜿蜒流淌的河流名叫"鲤鱼涌",它西通村边的"深潭",东接巴江河,像一条青罗带般环绕着村子,形成古雅清幽、自然和谐的环境。

深厚的文化意蕴

据村中老人说，每逢早春雨季，鲤鱼涌的河鲤大批逆水而游，穿过"深潭"跳到上游的陂塘散子。"深潭"位于塱中社与塱西社之间，是一条浅窄的小河涌，将塱头村一分为二。河鲤游经此处很容易遭到人为的捕捉，只有成功穿越"深潭"，才能有成功繁衍的可能，其惊险过程犹如"鲤鱼跳龙门"。相传，生长在黄河的鲤鱼由于长期生活在黄色的泥水中，所以身上长满金黄色的鳞片。每年到了春季，这些金色鲤鱼会逆水而上，在水流湍急的峡谷中集结，此处有瀑布高悬，两岸壁立拱卫，形成一道天然的门嶂，人们称之为"龙门"。鲤鱼不停地奋力跳跃，希望穿越瀑布登上龙门，这样就会化为苍龙，腾飞九天之上。在科举时代，参加殿试获得进士功名的，被称作为"登龙门"，所谓"一登龙门，身价百倍"。因此，村里的举人黄皞便将村前这条河涌称作"鲤鱼涌"，寄望村中子弟像早春的河鲤力争上游，有朝一日跃过龙门，名扬身显。

横跨鲤鱼涌的青云桥由该村举人黄皞所建，一是为村人提供出行的方便，二是对族人寄予深厚的期望。古代读书人的唯一出路便是科举考试，共分童试、乡试、会试、殿试四级，层层淘汰，能够金榜题名的确是凤毛麟角。桥名"青云"，状如"玉带"，希望族亲子弟在科举考试中"平步青云"，谋得高官显爵，"玉带缠腰"。因此，村民把青云桥当作幸运来

青云桥

临的象征，每逢孩童入学或学子应试，家长必定带上祭品拜青云桥，学子要到青云桥走一遭，期望带来好运，博取功名，光宗耀祖。

塱头村确实是个文脉流香之地，众多的书院书室渗透着浓浓的书香味，体现了该村尊学重教之风，形成了独特的宗族文化氛围。黄皞七子中"学裘、学矩、学龄、学准、延年并举于乡"，自己与五子学准先后入祀乡贤祠，成就了"七子五登科，父子两乡贤"的美誉，也成为该村学子勤奋进取的楷模和动力。

"铁汉公"归乡造桥

造桥之人黄皞是塱头村黄氏第十四世祖，字时雍，号栎坡，生于明正统庚申年（1440），成化元年（1465）考取乙酉科举人。弘治十二年（1499），升任江西右参议，督理粮储，机察明敏。正德三年（1508）擢升云南左参政，政绩颇佳。他一向勤政为民，清正廉明，铁面无私，民间称颂为"铁汉公"，后来皇上得知黄皞办事公道，刚直不阿，称他为"铁汉吏"，赐给官袍，一时传为佳话。

黄皞画像

正德二年（1507），耿直不阿的黄皞为宦官刘瑾所不容，于是辞官归乡。在家乡，他见村前有一条河涌阻隔，村民出入只有一条独木桥，每大雨之期，河水上涨，木桥经常被冲垮，或行人一不小心，会掉下河涌，出行极为不便，于是便出资建了这座石桥，"青云旭日"成为当时八景之一。

青云桥建于明正德二年（1507），清道光五年（1825）、光绪十九年（1893）两次重修。该桥原为红砂岩石桥，重修时改用花岗岩砌筑。长20米、阔4米、高5米，两孔，呈拱形。桥面两侧有石栏杆，两端有十余级石阶。桥西侧嵌一石匾，刻有阴文"青云"二字，字大盈尺，笔力苍劲，为黄皞手书。上款刻"前明乡贤栎坡公建"，下款刻"光绪癸巳（1893）阖乡重修"。1956年桥面改作渡槽，近年恢复了光绪年间重修时的模样。

青云桥在光绪年间重修竣工之日，文人雅士远道来游，拜"铁汉公"

图像。民国版《花县志》刊录了花山新和村文士利普撰写的"重修青云桥"诗,云:

> 丫山之麓横潭西,长虹宛水横天梯。
> 淋漓大署青云题,往来道周相扳跻。
> 此桥借问缘谁置?父老争传"铁汉吏"。
> 京华供职廿余年,为忤权奸官遂弃。
> 挂冠林下虽食穷,利物济人犹此衷。
> 割鸡岂碍牛刀试,不忍病涉旋鸠工。
> 三百年来石梁折,后人重踵前人辙。
> 江水泱泱清且长,想见高风与亮节。
> 有云此桥尚形胜,建之明年起参政。
> 满门簪笏递延绵,皆视此桥作福命。
> 公之高明古所无,用行舍藏忘荣枯。
> 患得患失事游谬,而谓贤者为之乎?
> 因之遇物觇负抱,小小设施皆大道。
> 君不见白公水闸樊公渠,前贤岂为邀福造?

这首诗颂扬了黄皞建桥便民的善举,写出了他高风亮节的操守和仕途多舛的命运,表现了他寄望后辈为国为民的良苦用心。

据民国版《花县志》载:"前明黄皞,号栎坡。塱头乡人,仕正德朝,当时士民有铁汉吏之目。忤刘瑾,放归故里。因于村左建青云桥,以便行人。越年,起官滇南参政。五子一婿相继科第,术者谓桥之形胜也。"于是,青云桥是座风水桥的传闻便不胫而走,从此名声鹊起。

塱西社祠堂群

"铁汉吏"奉旨放木鹅

塱头村有一座乡贤栎坡公祠,为纪念"铁汉公"黄皞而建。祠堂的神楼拜台上摆放着大理石香炉、烛台、聚宝盆等祭器以及一只木头做的鹅,这里流传着一段传奇的故事。

黄皞的祠堂被辟为反腐倡廉教育基地

据传,"时云南大饥,皞不及奏准,开仓赈济,宦官构词诬奏,谓其假赈济之名,行肥己之实,乃罢其官。返里时,巨舟满载而归,宦官以为所载尽金银珠宝也,派兵截搜,而舱中所载悉为云南大理石。"原来,黄皞在云南为官多年,运载一些大理石回乡,一是留作纪念,二是作平衡船只用。在场的人看到此情此景,无不泣叹,为黄皞的廉介节义所动容。黄氏后世子孙用黄皞运回来的大理石制成了香炉、烛台、聚宝盆等祭器,安放在乡贤栎坡公祠内,用来祭祀

赤坭缠岗村这口鱼塘就是当年木鹅停靠的水塘

"铁汉公",并教育后人。文革期间,烛台、聚宝盆等祭器被毁,香炉几度失而复得、得而复失,最后还是不知所终。

又传,黄皞复职后,由于政绩显著,正德皇帝颁旨嘉奖,赐他一只木鹅带回家乡,准他将木鹅放到家乡河中漂流三天,木鹅漂到哪里,哪里两岸的田地便归他所有。黄皞奉旨将木鹅放入河中,但他一想,如果任其漂流三天,将要占有大量田地,于民不利。他不忍多占田地,于是暗中找了个小孩游到河中把木鹅引入赤坭缠岗村的一口塘中停下,这才不至把大量土地占为己有。

黄皞是花都历史上较为杰出的人物。在明代,他与陈献章、梁储、伦文叙等并列题名于广州忠贤坊,并由旧版《花县志》立传记载。近几年,塱头村获评中国传统村落、中国历史文化名村、国家"AAA"级景区、广东省首批古村落和广州市美丽乡村等,青云桥得到了复原,鲤鱼涌得到了疏浚,乡贤栎坡公祠得到重修并被辟作花都区反腐倡廉教育基地,继续传诵着"铁汉公"的故事。

塱头村的立村传说

旧时,花都有"西隅塱头,东隅港头"的说法,指的是花都东西两个有名的村落。在此,向大家介绍西隅塱头村,东隅港头村暂且不表。

塱头村位于花都炭步镇的西南,为黄氏一族单姓村落,立村已有650多年历史。

相传,黄氏始祖原居住地是湖北江夏,开姓距今已有4000多年历史。黄氏一百一十九世祖黄峭山为唐封千户侯,先后娶了三位夫人,各位夫人皆生七子,共有二十一个儿子。黄峭山在他八十寿辰的那年,为防树大招风,决定留各夫人的长子伺奉晨昏之外,其余十八子每人分得碎银一升、骏马一匹、族谱一帙,到外地去立业发展。临别时赠诗一首:"信马登程往异方,任寻胜地振纲常。足离此境非吾境,身在他乡即故乡。早暮莫忘亲嘱咐,春秋须荐祖蒸尝。漫云富贵由天定,三七男儿当自强。"十八子

带着父亲的嘱托，于广顺元年（951）正月，满怀希冀，催马扬鞭，任骏马东西南北奔驰，待汗马歇息之处，便是各自立业开基之地。当初，十八子外迁，近者有在泰宁、建宁、将乐，远者有闽西、江西、广东。尔后，其子子孙孙均仿效父辈的分遣方法，逐步扩及到东南沿海各地，使黄氏子孙遍及闽、赣、粤、台诸省和东南亚各国。广东黄氏为黄峭山之子黄井、黄化和黄益的后裔。

至于黄氏何时在塱头开基立村，因何改名为"塱头"，这里有一个古老的传说：

话说古代北江曾有三大分汊支流，从清远、三水、南海等地汇入广州珠江。这三河道在宋、元、明三朝第次成为珠玑巷南下移民的重要水路通道，均流经今天的炭步镇附近，移民经此三路迁居广州，再分迁到珠江三角洲腹地。

相传黄氏宗族于南宋末年沿水路从珠玑巷南迁至广州北郊神山镇，塱头村始祖黄仕明于元至正二十七年（1367）迁此。当时这里属南海县，处于北江支流的冲积平原带，河汊纵横，湖泊密布，地势低洼。初来乍到，人生地不熟，他选择了一个叫"草云边"的地方搭起茅棚作栖身之所，安顿下来之后，带领家人在周边开垦荒地，男耕女织，日出而作，日入而息，过着简单朴素的农耕生活。

话说炭步新太村当时有位富甲一方的富户叫庾万斗，为人十分吝啬，是当地有名的"孤寒度"（形容吝啬）。有一天，他请了一位有名的风水先生帮他寻找风水宝地。风水先生在外走了一天，傍晚时分才满脚泥泞地回到了庾家，庾翁连忙吩咐下人打水给风水先生洗脚，碰巧新来的下人不懂规矩，顺手把专供庾夫人洗脚的金面盆用来装水给风水先生洗脚。见此情景，一向刁蛮势利的庾夫人既心疼又气恼，马上黑起脸来，言语间对风水先生含沙射影。一向清高自傲的风水先生岂可忍受这种不敬，于是忍着饥饿找借口连夜离开了庾家。本来在外跑了一日的风水先生已觅得一处风水宝地，只等酒足饭饱之后便告知庾翁，但现在看来已没有这个必要了。夜色茫茫，饥肠辘辘，风水先生一时真不知该往何处去，他只好茫然地朝着远处隐约有灯火的地方走去。大约走了半个多小时，风水先生到了黄仕明的家门前，碰巧他们一家在门口纳凉，见有客人经过便与对方打招呼，又累又饿的风水先生便趁机向他们讲明了来意，并希望在此借宿一晚。黄仕明一家热情地接待了他，得到素未谋面的黄仕明一家如此厚待，风水先生非常感动，第二天临别之际，他诚恳地对黄仕明说："你现在住的地方不宜久居，欲以后子孙腾达，你们最好迁到那边湖泽旁边小山岗上，并且找准中心位置后，在左右两边各升七条梁（即建七座房子），然后在那里安居乐业，就一定会子孙繁盛、人才辈出了。"黄仕明表明家中清贫，一下子去哪儿找那么多钱财来建造七座房子呢？风水先生建议他先去砍十四根最长的竹竿，在中心位置左右两边各一字排开七条，就当左右连升七条梁吧，然后给黄仕明指出了准确的位置便告辞远去了。

黄仕明于是按照风水先生的吩咐，择定良辰吉日在风水先生指定的地方连升了十四条梁（左、右两边各七条）。从此，他们一家人在此安居乐业，繁衍生息。由于他们居住的地方南面是大片的湖泽，村子就立于湖边的小岗上，故名塱头。

塱头村真不愧是一块风水宝地，这里自然资源丰富，黄氏一族生活比较富裕，因此得风气之先，较早开启文化教育，深受儒家传统熏陶，族人每代均有考取功名者，流传"七子五登科""父子两乡贤"等诸多名人典故，可谓"文章华国，诗礼传家"，形成了以"忙耕闲读"为特色的宗族文化传统。到了立村的第五代，宗族主事黄宗善高瞻远瞩，对村落做出了长远的规划，在原风水格局的基础上纵横拓展，形成了一个布局合理、规划统一、规模宏大、极具岭南特色的传统广府村落，与花都东隅的港头村各领风骚。

现在，塱头村前临水泽，后有靠山。村前是广袤的农田，玉带般的青云桥横卧在鲤鱼涌上。村面的禾坪宽阔，与村面同宽的水塘能映出村子的倒影。塘基种满荔枝树、龙眼树和榕树，与村头、村尾、村后数棵参天古榕和木棉环抱着村子，形成幽雅、自然、和谐的环境。

"升平人寿"牌坊

茶塘村

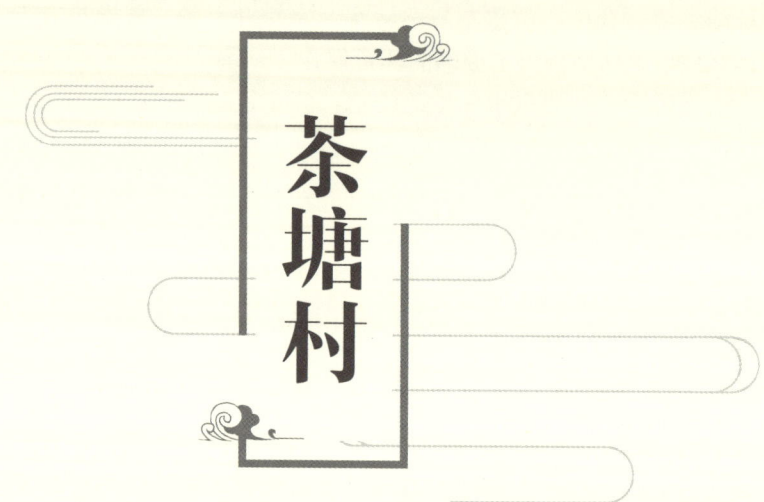

茶塘古韵

茶塘村位于炭步镇西南禅炭公路西侧。该村村民大多姓汤,汤姓先祖汤纲于南宋开禧初年从南雄珠玑巷迁新会大良塱底村,不久迁至南海汤村,汤纲公之子汤穆于嘉定年间迁居石湖(即花都石湖村),汤穆之孙汤逸时(1232—1320)于宋末由石湖迁出,立村于茶塘,繁衍生息700多年,发展到现在1800多人。

立村传说

汤姓先祖认为本族姓氏为水旁,要繁衍壮大必须选择水源丰富的地方安居。因此,从珠玑巷迁出不久就移居带水的"南海",后迁往同样带水的"石湖",迁居茶塘也是看中这里河湖密布水道纵横,因茶亦为水,塘能容之,故取名"茶塘"。

相传,茶塘立村前,因石湖村的汤姓氏族日渐繁盛,汤逸时便谋划着寻觅他处结庐。一日,他站在一个叫白坭山的高地上,放眼四望,企求找到一方理想之地。忽见远处一群啁啾和鸣的仙鹤,在长空飘逸地飞舞着,最后降落在一处湖泊遍布的湿地,悠然自得地嬉戏,它们时而企足引颈、戏水欢歌,时而翩跹起舞、雀跃长啸,眼前景象如临仙境。汤逸时为元拔明经进士,读书人见多识广,见此祥和景象,不禁暗自思忖:鹤是一种长寿的仙禽,又是品德高尚的"一品鸟",既有仁者翩翩君子之风,又有高士的仙风道骨,世人常把修身洁行的人称为"鹤鸣之士",《诗经》云"鹤鸣于九皋,声闻于天",现在目见仙鹤飞临,实乃吉庆祥和之兆,此处必为瑞祥宜居之地,况且鹤习惯生活在河湖水泽,与我汤氏择水而居的命格十分相合!汤逸时越想越兴奋,不禁迈开双腿,穿越田园,绕过湖泊,跨上河桥,朝着那仙鹤嬉戏的水泽走去。只见四周田畴广袤,河网交织,湖泊点缀,草木葱茏,山、水、田、园相映成趣,周边环境和谐自然,的确是一方风水宝地。于是,汤逸时决意搬迁,重建家业,也就有了茶塘村。

立村之初,汤逸时请来风水师布局,以"鹤"形对新村进行规划,村面背东面西、由北而南,北社为头项、中社为胸腹、南社为殿臀、臀前土墩为足趾,呈鹤立之状。自此,汤氏便在这仙鹤和鸣共舞的茶塘村,安居乐业,繁衍生息。

茶塘村祠庙

茶塘概况

茶塘村今分北、中、南三社，梳式布局，有一条由两块花岗岩条石铺成的石板路贯穿全村。村尾有棵百年古榕，浓荫蔽日，树下横着数条石板凳，村民常在此休憩聊天。村前地坪开阔，三口古井分布在三社村面（立村时每隔一巷便有一口水井），村面的西面和正南各有三口水面宽阔的水塘，水塘前是广袤的农田和交织的河涌，环境幽雅古朴。

村中建筑坐东朝西，占地6万多平方米，现存较为完整的明清建筑约120座，其中庙宇、祠堂、书室（书舍、家塾等）共20多座，其余为三间两廊结构的民宅，现大多还有人居住。村面建筑以庙宇、宗祠及书室（书舍、家塾等）为主，形貌精良，大多建于清代，多为三间三进或三间两进，镬耳封火山墙或人字山墙，灰塑博古脊或灰塑龙船形脊，碌灰筒瓦。建筑广泛采用石雕、砖雕、木雕及灰塑等装饰，工艺精细，保存较好。单体建筑以冷巷相隔，现存古巷16条，古巷的铺砌较为随意，有红砂岩、花岗岩、石头及泥路面，侧砌排水沟。巷口原建有门楼，门楼上均刻有巷名，现仅存足征里、光宗里、德星里、抡秀里、"为善最乐"及"洞天深处"等门楼。其中"足征里"被村民称作"财主佬巷"，现存古民居16座。

2008年，由广州市和花都区两级共同出资，对村内古建筑进行了全面修葺，古老的村落散发出更加迷人的魅力。2009年12月，茶塘村被广东省文联与民间文艺家协会评定为第二批广东省古村落。

专家领导考察茶塘村

祠堂与书室

祠堂，是家族系统的一种硬标志，是一个宗族的精神核心，人们甚至将它比喻为人的"命根"。祠堂以血缘为基石，以亲情为纽带，穿越漫长的时空隧道，使我们保持与祖先的精神沟通，成为我们的心灵依归。因此，祠堂建筑往往集中了一族人最大的人力、物力、财力，因而成为村落中所处位置最重要、最高大、最辉煌的建筑。

祠堂建筑始于西汉，到了晋代严令禁止建造，东汉曹操开创官员按等级建家庙的先河，隋唐规定官五品以上才可建家庙，南宋朱熹在《家礼》设立祠堂制后民间有了祠堂出现，明嘉靖年间允许民间建联宗祠堂并对其规制有诸多限制，清雍正时为恐民间利用祠堂联乡结党危及朝廷而对祠堂管制更加严厉，于是民间便出现了大量以书院、书斋、书舍、书室、书塾和家塾等为名目的祠堂。这些以"书"字为名目的建筑，村民称之为"厅堂"，其实就是严令之下祠堂的衍生物，与祠堂起着相同的作用。

茶塘村的祠堂现存有10座，其中明峰汤公祠、友峰汤公祠、万良汤公祠、万成汤公祠4座工艺最精细，广泛采用木雕、砖雕、石雕、灰塑、壁画等建筑装饰工艺，题材以神话传说、民间故事、吉祥图案为主，体现人们对太平盛世、和谐社会、幸福家庭、美好人生的强烈向往和热切追求。

祠堂入伙庆典

"厅堂"有14座,据说是村中男丁不足50人的族房所建,肯堂书室、南寿家塾、元颖书舍等较为精良。其中,南寿家塾由村中举人汤雨时倡导筹建,在家塾成立了"江南会",以承继之前成立的"保寿堂"(即"长生会",是治办丧葬事的民间自愿互助团体)精神。这些建筑集思想、文化、艺术于一身,每一方寸都寄托着人们的美好愿望,蕴含着丰富的文化内涵和珍贵的历史信息。

清朝颁布的《上谕十六条》,对祠堂的功能作了如下规定:"敦孝弟以重人伦,笃宗族以昭雍睦;和乡党以息争讼,重农桑以足衣食;尚节俭以惜财用,隆学校以端士习;黜异端以崇正学,讲法律以儆愚顽;明礼让以厚风俗,务本业以定民志;训子弟以禁非为,息诬告以全善良;诫匿逃以免株连,完钱粮以省催科;联保甲以饵盗贼,解仇忿以重身命。"

不过,随着社会进步和时代变迁,祠堂功能或失或缺,今天只有帮助人们寻根问祖、缅怀先祖、激励后人、互相协作的积极意义,这对于调解社会矛盾、整合民族力量、凝聚民众之心、使社会和谐运行起着不可替代的作用。

足征里与石板路

茶塘村有古巷16条,其中以"足征里"最为著名,人们称之为"财主佬巷",民国期间更被称之为"华尔街"。一条农村的小巷了为何会如此出名呢?

相传南宋时期,北方移民徙居此地,以烧炭谋生,于巴江河边堆炭外运,遂成步头,故名炭步。明清时期,尤其是清代,花县设水西巡检司于炭步,商业更是繁荣,渐成圩市,故称炭步圩。茶塘村北距炭步圩不到五里,占有地缘优势,有些擅长经营生意的村民,先是把农副产品拿到炭步圩交易,赚钱之后又广开财路,经营杂货等生意越做越大,据说当时炭步圩有一条街店铺大部分

足征里

为茶塘人开。"足征里"的最早住户，据说是一户人家的三兄弟，他们是生意场上的里手，除了在炭步圩经营贸易外，还经营多家农庄，广种甘蔗，榨糖出售，其中两个名叫"大石鼓"和"双石鸟"的农庄在塱头村，一个名叫"贾寮"的在黄村。他们手头越来越丰厚，于是花巨资买下"足征里"的大片土地，建了肯堂书室和大片屋宇，"足征里"形成一条有钱人家聚居的巷道。财主佬巷两侧的房屋建筑十分讲究，统一为三间两廊，一式青砖木瓦结构，现存16座，是该村建筑保存最好的民宅。

现在，村前还保留着一条长长的石板路，贯穿整个村子，据说以前石板路向北可以通到炭步圩，后因大搞水利把石板挖去修水库了。我们从现存长长的石板路可以想象当年人来车往的繁华景象，这或许是茶塘村商业兴隆富甲一方的最好见证。

风水屋与德星里井

茶塘村前的百年古榕旁，有一座十分碍眼的小屋，与平整规肃的村庄布局格格不入，外来人看到这座有碍观瞻的小屋，都会说怎么不把它拆了呢？村民把这个小屋叫做"风水屋"，这座简陋的小屋原来是大有来头的。

据传，立村之时，先祖汤逸时请来风水师对村子进行规划，风水师勘查了村子的脉象后再三叮嘱在村尾古榕旁盖一座建筑，因此这座建筑在立村之时已有了。但是，当时建的并非现在这座小屋，而是一座高耸的炮楼，日军侵华时候，日本兵为了建禅炭公路，逼着村民把炮楼拆了，用拆炮楼的青砖修筑公路。据说，自从炮楼被拆后，村里接二连三发生悲剧：几个月不到连续死了十多个青壮年，牲畜家禽奇离发瘟病死，田里的农作物失收，鱼塘的鱼全翻白肚……昔日兴旺繁荣的村子顷刻笼罩着愁云惨雾，村民终日惶恐不安。村里的老人想起了代代相传的"风水屋"传说，于是千方百计访得一位风水大师指点迷津。大师指出村子以鹤形布局，炮楼所在的位置是仙鹤独立的脚，鹤脚不稳，整个风水格局自然要破坏。于是，茶塘村人齐心协力在炮楼遗址旁边盖了这座小屋，用来镇住村子的风水。说来奇怪，"风水屋"盖好后不久，村子便风调雨顺，五谷丰登，人畜都鲜有离奇死亡失踪的事发生。从此以后，茶塘村民对"风水屋"的灵性深信不疑。

"风水屋"是仙鹤的足,而仙鹤的眼睛即是德星里井。该井上圆下方,造型取天圆地方之意。据传,立村之初,风水大师为村庄布局规划,茶塘村在风水上属"仙鹤展翅"格局,是难得的风水宝地,德星里井是风水井,代表仙鹤明亮纯净的眼睛。这是一只单脚独立、左眼微闭、右眼半睁、神态闲适的仙鹤

德星里井

格局,古井实乃点睛之笔,生命之水灵光四溢。过去,村里流传着愚钝的村童阿星掉进井里、井水形成水柱将阿星托出井口、此后阿星变聪明的故事。600多年来,井水冬暖夏凉,清洌甘甜,即使遭逢大旱之年,井水依然充盈不竭。也不知是否喝了古井水的缘故,茶塘村人自古以来身强体健、聪明能干,不仅生活富裕,而且人才辈出,让周边村民羡慕不已,也成为茶塘村人的骄傲。

....

花都老诗翁黄倚云根据茶塘的历史传说和民间故事,曾写下这样一副对联:"茶溢芬芳定卜神通增鹤算;塘凝瑞霭应知得志奋龙飞。"现在,诗翁早已仙游,而这副对联则由书法家汤耀先生书写篆刻在茶塘村口的牌坊上。

一个村落就是一部地方文化史,它以生动、直观的实体,记录、承载和见证着人类的漫长岁月,是农耕文明不可再生的文化遗产,是维系华夏子孙文化认同的纽带,是繁荣发展民族文化的根基。因此,我们要善待古村落,保护好古村落,使我们一代一代的人从中得到智慧,留住历史信息,留住乡愁!

共话乡情

茶塘庙

花都旧时有"茶塘庙,瑁头桥"之说,说明这一桥一庙在当地是很有名气的。其中,"瑁头桥"指的是炭步镇瑁头村的青云桥,而"茶塘庙"指的则是炭步镇茶塘村的洪圣古庙。该庙位于茶塘村南社,始建年代不详(原建于现址的对面),坐西向东,清嘉庆二十一年(1816)重建,光绪二十八年(1902)、2003年先后两次重修。2002年9月,该庙被公布为广州市登记保护文物单位。

南海神的信仰

洪圣古庙奉祀的是"南海广利洪圣大王",民间称"洪圣大王"或"洪圣爷"。相传洪圣爷是南海之神,能使水不扬波而又有镇鬼治邪的法力。

据《旧唐书·志第四·礼仪四》记载,唐玄宗年间,唐王先后将五岳与四海并封为王,封华岳神为金天王、泰山神为齐天王、中岳神为中天王、南岳神为司天王、北岳神为安天王……封东海为广德王、南海为广利王、西海为广润王、北海为广泽王。由此可见,"广利王"是指南海而非指人,唐王把中国的名山大川海域都神化了,"广利王"就是南海神。

《宋史·志第五十五·礼五》记载,宋仁宗年间,宋王封东海为渊圣广德王、南海为洪圣广利王、西海为通圣广润王、北海为冲圣广泽王。由此可见,"洪圣"一名始于宋仁宗时代,宋王在唐王封的"广利王"前面加封为"洪圣",同样是指南海神。

自古以来,先民或依山而住,或择水而居。人们生活在山林河畔,靠它生活又受难于它,它给予了人生存、生息、生养的环境,发怒时也会毫不留情地夺人性命。在古代,先民对大自然感到神秘莫测和惊恐无助,对日月星辰、风雨雷电等现象无法解释,对山崩地裂、洪水泛滥等造成的灾害无法躲避,面对既不可知又难以捉摸的大自然,只能认为这些现象的背后皆有神灵主宰,于是出现了开天的盘古、造人的女娲、送子的观音、治水的洪圣等诸多神灵及传说,为求众神灵庇护,建造了大量的神庙予以奉祀,并由此产生诸多的民俗活动。

我国司水之神甚众,有主宰西北的共工,有管治北方的北帝,有统理海域的妈祖,还有东南西北诸海神祇等等。花都有拜洪圣爷也有拜北帝的,拜北帝是因为北方五行属水,南方之水由北方来,北帝位于水源之上,祈求他控制水源多寡,使水安好流向南方;拜洪圣

游客参观古庙

是因为南海领域归洪圣爷管辖,而花都属于珠江流域,境内流溪河、巴江河最终汇入珠江流向南海。

茶塘村处于北江支流汇合的冲积平原带,土地肥沃,河汊纵横,湖泊密布。南迁的汤姓先祖根据姓氏特点,傍水而居,在此落地生根,繁衍生息。他们充分利用周边河网密布的特点,构筑水路交通航道,较早与外界从事商业往来,村民生活较为富裕。但由于这里地处低洼,暴雨和洪水往往对村民的安全和生产造成严重的危害,每逢连场大雨或巴江河涨潮,农作物甚至房舍经常被水淹没,因此村民饱受涝灾之苦,为祈求风调雨顺、水不扬波,于是便集资修筑洪圣古庙,在每年农历二月十三日的洪圣诞举办隆重的祭祀活动,形成了独特的洪圣民俗文化。

茶塘庙的概况

洪圣古庙坐东朝西,广三路、深三进,左路建筑以青云巷相隔,为该村的"乡约",里面保存该庙历次重修的部分碑记。乡约,原指明清时期的乡中小吏,由县官任命,负责传达政令、调解纠纷和社会教化,后发展成依地缘关系或血缘关系组织起来的民间管理组织,被人称之为"乡衙门"。乡约建于茶塘,一可见茶塘洪圣古庙在地方信仰中的地位,二可见茶塘汤氏家族在地方政治中的统治力量。右路建筑为乡约和庙堂的膳房,呈"畀斗"形,寓意钱财有进无出。

"乡约"门额

洪圣古庙建筑形式独特,设有九级台阶,基座四平八稳又显气势,高高伫立在村的最南边,更显它体量的高大,人们驻足观之只能仰视,祭祀更要拾级而上,愈显毕恭毕敬。洪圣古庙广泛采用石雕、木雕、陶塑、灰塑等装饰工艺,整座庙堂显得富丽堂皇,琳琅满目。前檐两根花岗岩柱浮雕蟠龙云纹,云龙玲珑浮凸,头在下而尾在上,龙头昂起作吐珠状,身体翻腾跃舞,神态生动逼真,既有威严神武的气势,又有欢迎香客到访之意,将庄严、华丽的庙宇气氛衬托出来,使人没进庙堂便心生敬意,令人赞叹。前廊梁架雕有戏曲人物、松树、花鸟和"福禄"等纹饰图案,封檐板的吉祥纹、戏曲人物等雕刻得更加生动传神。屋顶正脊是石湾陶塑,有二龙争珠、鳌鱼鸱吻、亭台楼阁和舞台戏曲人物等，造型优美，工艺精细，层次分明。

洪圣古庙的所有柱子都镶嵌有楹联，大门两侧联为："南国沐洪麻泽流花邑；海邦沾圣德惠普茶塘。"联文是"南海""洪圣""花邑""茶塘"的嵌字格，对仗工整，点出了该庙的位置与奉祀的神祇。仪门联为：

洪圣古庙

"恩被遐陬咸沐英灵游化宇；绩昭南海群歌广利庆安邦。"头门金柱联为："圣德巍巍福引同人登寿域；神灵濯濯泽流阖派沐恩波。"拜亭前柱联为："德立千秋遵海而南歌广利焉天同大；恩光四表奠居以后感灵乎者世奉王。"拜亭后柱联为："位奠离明赫赫监观致动数朝封极位；恩施坎泽洋洋左右素闻阖族沐深恩。"后堂前金柱联为："圣德具昭明四海同钦光涵宇宙；神恩敷远迩千秋永赖泽遍闾阎。"后堂后金柱联为："宙宇喜重新震位安气聚峰迴称胜地；鉴临真有赫离明照民康物阜藉鸿恩。"这些楹联，均为清光绪年间重修时所设，主要是歌颂洪圣爷的至尊至圣和福泽万民的功绩……洪圣古庙总在默默地迎候专程前来烧香拜神的善男信女，保佑他们逢凶化吉、好运太平！

茶塘庙水文化

茶塘庙奉祀的洪圣爷是一位水神，而茶塘汤氏也是以水为居。因此，大庙的设计者别出心裁，设计中广泛融入"水"题材，其建筑及装饰蕴含着丰富的"水文化"，如大门两侧的蟠龙柱和屋脊的二龙争珠、水形封火山墙、陶塑"雷公电母"与"鳌鱼鸱吻"等装饰、"和风化雨"门楼石刻等等，使庙堂建筑艺术与人文精神得到和谐统一。

○龙——是我国古代"四灵"之首，能吞风吐雾、施云布雨，主宰着天上的云雨，因此每逢旱涝之年，连位居九五之尊的皇帝都要设神坛祭龙王，祈求赐云雨或息雷霆，以风调雨顺，泽被苍生。现花都北部狮岭、梯面等地还存有龙王庙、龙王井等遗迹。花都庙坛雕有蟠龙柱的只有两处，一是狮岭盘古神坛，二是茶塘洪圣古庙。茶塘庙的两条蟠龙盘柱而下，昂首作张牙舞爪态，屋脊上饰有陶塑"二龙争珠"，给大庙增添了几分威严，同时神龙与洪圣爷共享村民的奉祀，人们祈求风调雨顺的愿望就更加灵验了。

盘龙柱

"鳌鱼"鸱吻

○鳌鱼——也称"龙鱼"。相传鲤鱼跳过龙门即可飞腾化龙，但它们偷吞了海里的龙珠，只能变成龙头鱼身，称之谓"鳌鱼"。据说汉武帝造"柏梁殿"，遭火殃，方士说："南海有鱼虬，水之精，激浪降雨，作殿吻，以镇火殃。"于是，鳌鱼便广泛施于建筑装饰，以镇火之用。茶塘庙由于香火旺盛，容易遭祝融光顾，于是便在屋脊、梁架等部位设鳌鱼装饰，以避火灾。

○雷公电母——是我国古代传说中司行雷、闪电之神。相传雷公电母为两夫妻，雷公负责打雷，电母负责放电，以雷电交加向龙王发出指令，龙王便飞上云端，顷刻便龙涎飞洒，大雨倾盆。茶塘庙头门的垂脊上设有陶塑"雷公电母"，雷公手执楔锥作击鼓轰雷状，电母则一手抓锤一手执镜作欲击状，时刻提醒神龙要准时履行职责。

雷公

电母

○水形封火山墙——花都现存古建筑中，封火山墙主要用于火灾时阻隔火势向邻舍蔓延，大多为镬耳山墙和五岳山墙等造型。茶塘庙的封火山墙非常别致，既不呈镬耳状也非五岳形，而是为水形封火山墙。山墙呈波浪形，沿着山墙饰以黑色裙边，黑色在五行中属水，配以缠枝纹水草，增加建筑的美感同时更具防火功效。

○"和风化雨"门楼——茶塘庙两侧的门楼，分别刻着"和风"和"化雨"，寓意聚气和风，成云化雨，蕴含着天地人和、道法自然的理念，体现了村民追求幸福生活的愿望。

....

茶塘庙反映了古老的祭祀风俗，承载着悠久的文明历史，见证了地方社会经济文化的变迁，诠释了民众对美好生活的追求，折射出"天人合一"的人文关怀。虽然，随着社会进步与科学发展，我们能够与大自然和谐共处；但是，茶塘庙及其民俗活动，却支撑起民众信仰的精神家园。

洪圣诞盛况

肯堂书室的装饰工艺欣赏

　　清雍正时期，朝廷为恐民间利用祠堂联乡结党危及朝廷，对祠堂建造管制非常严厉，于是民间便出现了大量以书院、书斋、书舍、书室、书塾和家塾等为名目的祠堂，茶塘村的肯堂书室就是其中之一。

　　肯堂书室在布局结构上，门前设一口风水塘能聚财，寓意风生水起；布局疏密有致，结构规整对称，空间层次层层深入上升，有利于通风纳阳和排水，官帽状的镬耳封火山墙更有"步步高升"的寓意。在装饰工艺上，采用了木雕、砖雕、石雕、壁画等装饰工艺，题材有神话传说、民间故事、吉祥图案等，如"麒麟吐书""丹凤朝阳""福在眼前""观音送子""教子朝天""爵禄封侯""衣锦还乡""二甲加官""二品遐龄""三田和合""竹林七贤""八仙贺寿""香山九老"等，包涵子孙绵延、加官进爵、富贵寿考、家庭美满、生活安逸等等，每一方寸都寄托着人们美好的愿望。现在撷取肯堂书室的部分装饰工艺供大家欣赏。

肯堂书室

木 雕

○麒麟吐书——麒麟是我国传说中的一种祥瑞神兽,古称仁兽,为"四灵"之首,被视作吉祥象征,也常借喻为杰出之人,"麒麟送子""麒麟吐书"皆有杰出人士降生的寓意,均为孔子的传说故事:相传孔子在出生时其母梦见麒麟送子,因此孔子又称麒麟儿。一天,孔子做了个很奇怪的梦,看到一束红光在远处升起不散。天刚亮,孔子看到一男孩在河岸上用石头正在打一只麒麟,孔子非常生气,麒麟受了伤,可怜地期待孔子帮助。孔子用自己的长袍盖住它,并细心包裹它的伤口,麒麟转过头来挽着孔子的手,表示感激,这时三卷玉书从它的嘴里吐了出来,孔子知道麒麟是神兽,这些玉书就是天书。从那时起,孔子努力学习这些天书,终于成为闻名于世的大圣人和导师。以此装饰,寓意子孙后代博取功名,光耀门楣。

封檐板木雕"麒麟吐书"

○八仙贺寿——八仙为道教中八位仙人的总称,因经常被组合在一起,故谓之"八仙"。他们手中各执一物,均不相同。汉钟离,常执一扇,轻摇小扇乐陶然;吕洞宾,常背一剑,剑现灵光魑魅惊;张果老,常执鱼鼓,鱼鼓频敲有梵音;曹国舅,常执宝板,玉板和声万籁清;铁拐李,常带葫芦,葫中岂只存五福;韩湘子,常执一箫,紫箫吹度千波静;蓝采和,常携花篮,花篮内蓄无凡品;何仙姑,常执荷花,手执荷花不染

雀替木雕"八仙贺寿"

尘。八位仙人，其中仅何仙姑为女子。相传有的在唐时修道成仙，有的在宋时修道成仙。八仙之名，相传始于元代。"八仙贺寿"衬以古松、寿桃，用作祝颂高寿之意。八仙所持的八件法器组成的纹饰俗称"暗八仙"，同样寓意祝颂长寿之意。

○拜相封侯——形容成就功名，官至极品。在科举制度的社会背景下，"万般皆下品，惟有读书高""学而优则仕"，读书是唯一的出路，家长都"望子成龙"，希望自己的子嗣通过寒窗苦读，考取功名，谋得一官半职，完成由"朝为田舍郎"到"暮登天子堂"的转变。当然，如果任命为宰相，封为列侯，那是最理想的。

梁架木雕"拜相封侯"

石 雕

○观音送子——观音，俗称"送子娘娘"，是法力无边、无所不能的菩萨，但民间崇拜她，主要不是由于她那些众多的虚幻的法力，而是在于她能送子。由于受儒家"不孝有三，无后为大"和封建伦理"多子多福"及"养儿防老"的传统思想影响，观音送子的观念是家喻户晓、妇孺皆知，很受中国妇女喜爱，在民间的影响比释迦牟尼大得多，成为天下母亲祈请保佑早生贵子的主要神灵。

挑头石雕"观音送子"

○丹凤朝阳——又称"朝阳鸣凤"或"双凤朝阳"。传说凤为鸟中之王，象征和平、祥瑞、美好、幸福；丹凤向阳，太阳具光明之意。凤凰鸣于山之阳，喻有可喜之事。寓有完美、幸福、祥瑞、光明的涵义。又喻义贤才盛

庑廊石雕"丹凤朝阳"

世，典出《诗经》："凤凰鸣矣，于彼高冈。梧桐生矣，于彼朝阳。"诗中暗喻凤凰为贤才，朝阳为盛世，即贤才逢明时盛世之意。

○三田和合·福在眼前——和合二仙在民间传说是主婚姻和合之神，他们一持荷花，一捧圆盒，意为"和（荷）谐合（盒）好"，婚礼之日必挂悬于花烛洞房或厅堂以图吉利，在我国传统的婚礼喜庆仪式上，常常挂有和合二仙的画轴，借此来祝贺新婚夫

雀替石雕"三田和合·福在眼前"

妇白头偕老，永结同心。《说文解字》中注："福，备也。备者，百顺之名也。"由蝙蝠和古钱构成纹图，"蝠"与"福"同音，"前"与"钱"谐音，寓意福在眼前。两者合二为一，更是一种对未来生活的美好祝福。

庑廊石雕"爵禄封侯"

○爵禄封侯——爵禄封侯是我国传统的吉祥纹样。爵禄，即爵位及俸禄。封侯，谓破封为侯爵。爵禄封侯，意即受封侯爵，并得到更高的俸禄。纹样常以鹊、鹿、蜂、猴等组合构成，以运用"鹊"与"爵""鹿"与"禄""蜂"与"封""猴"与"侯"同音，以示寓意。由于石雕不能表现太小的动物，有鹊有鹿基本能表现。该书室此类题材的石雕还有"衣锦还乡"等。

壁　画

○二甲加官——采用了借喻、象征、谐音等表现手法。据《明史·选举志》记载："三年大比，以诸生试之直省，曰乡试，中试者为举人。交年以举人试之京师，曰会试。中试者天子亲策于廷，曰廷试，京曰殿试，分一、二、三甲，以为名第之次。一甲止三人，曰状元、榜眼、探花，赐

进士及第；二甲若干人，赐进士出身；三甲若干人，赐同进士出身。状元、榜眼、探花之名，制所定也。"取鸭字的偏旁"甲"字，比喻士子在科试中连登榜首。鸡冠花的"冠"与"官"谐音，寓意金榜题名，加官进爵。该书室此类题材的壁画还有"二品遐龄"等。

壁画"二甲加官"

○教子朝天——此图为两条在天空云海中见首不见尾的苍龙，老龙正在教小龙朝拜天庭的礼仪。这幅壁画与书室的其他壁画不同，它吸收了国画的技法，以

壁画"教子朝天"

水墨画出了真龙在天空中的景象，整幅画气势磅礴、疏密有致，其中两条活灵活现的苍龙威武神勇、张牙舞爪、翻云覆雨，形象生动，真切自然。该画在祠堂正门背面，勉励后辈立志高远，努力读书，考取功名，入朝为官，早近龙颜。

壁画"竹林七贤"

○竹林七贤——指的是晋代七位名士：阮籍、嵇康、山涛、刘伶、阮咸、向秀和王戎。他们所处的魏晋易代时期，统治阶级内部的矛盾斗争十分激烈。代表大贵族官僚利益的司马懿父子夺取了魏国军政大权，蓄谋篡位。他们宣称"以孝治天下"，一面利诱拉拢，争取有社会地位的人物，一面迫害异己，屠杀文士，政治十分黑暗。以嵇康、阮籍为首的一班名

士,"相与友善,游于竹林",隐身遁世,崇尚老庄,不拘礼法,纵酒酣歌,扶琴吟诗,寄情山水,表示对司马氏统治集团的不满。表现文人品行高洁、清逸淡远的生活情趣。该书室此类题材还有"林逋放鹤""饮中八仙""香山九老"等。

砖 雕

○福禄寿喜——福,包容了世俗生活中一切美好的愿望与目标,常以"蝙蝠"作为福的象征符号,"蝠"取谐音"福"。禄,代表着财富和功名利禄,"一生衣禄不愁"是由古至今人们追求的幸福生活之一,"鹿"谐"禄"音,鹿口中衔一根灵芝草,代表吉祥如意,加官进爵。寿,指长寿安康、长命百岁,是古往今来人们最大的心愿,古代纹饰中常以"寿星""蟠桃""松鹤"等作象征。喜,在吉祥文化中意义最为广泛,迎合了国人趋吉纳福的传统心理,纹饰中常以"喜鹊""蜘蛛"(喜蛛)等作代表。该砖雕门官图纹丰富,富含福禄寿喜元素,形象生动传神,充分体现村民对美好生活的向往。

肯堂书室的装饰工艺远不止这些,比如书室的封檐板、前廊梁架、两个芜廊的花罩等都雕刻着结构繁复、寓意深长的纹饰;墙壁上还有多幅以吉祥花鸟、传奇人物为题材的壁画,笔法有力,生动传神;檐柱的雀替和挑头还有多个石雕人物造型,雕工细致,形象逼真……在这里不再细说了,希望朋友们有空走进古村落慢慢细品。

砖雕门官神位

堰头砖雕"暗八仙"

汤雨时一朝中举满地油

休憩闲乐

茶塘村立村之祖汤逸时为读书人,因此该村历来重教尊学,历史上出了举人、秀才等多人。万良汤公祠前立有一副旗杆夹,主人汤雨时(1837—1911)为晚清举人,官至训导南雄学正,是一位热心公益的乡绅,曾主政茶塘"乡约",筹建南寿家塾,成立"江南会"(即"长生会"),倡建"广东十八汤会馆"(即位于现广州维新路桂香街1号的中山书院),修建华侨义祠义冢等。这里,流传着他"一朝中举满地油"的故事。

茶塘村有悠久的商业经营历史,但汤雨时出生在贫寒的家庭,父辈都是面朝黄土背朝天的农民,任凭劳苦耕作,每逢旱涝之灾,还是不能果腹。父亲在他很小的时候就过世了,汤雨时还有一个弟弟,全靠母亲独自苦守着这个一贫如洗的家,常常靠邻里接济和赊借度日。村里一富户开了间杂货店,无计可思时,汤雨时母亲只好厚着脸硬着头皮去赊借,店主见是同村同姓也就勉为其难,因此汤雨时一家成了该杂货店的赊借老户。

汤雨时自幼聪明好学,从小即胸怀大志,渴望通过勤奋读书,参加科举,考取功名,光宗耀祖。所谓"望子成龙",母亲对汤雨时抱有极高的期望,虽然生活艰难还是想方设法筹得学费供他到私塾念书。但是"学而优则仕"这条路走得实在是太艰难了!

明清时期，正式由朝廷举行的科考分为三级，即乡试、会试、殿试。乡试中者为"举人"，会试中者为"贡士"，殿试中者为"进士"。在参加正式科考以前，考生先要取得"入学"的资格，即成为"生员"，要通过"童子试"获取。"童子试"又分县试、府试、院试三个阶段，县试由知县主持在各县进行，通过后进行由州府官员主持的府试，通过后便可以称为"童生"，参加由各省学政或学道主持的院试，通过院试的童生都被称为"生员"，俗称"秀才"，考生经过数轮的淘汰终于挤进了国考的台阶。

历经十数载寒窗，汤雨时终于考取了秀才，算是有"功名"了，有些人终其一生还是童生，因此一家人十分高兴。但是，汤雨时比家人想得更深一层，当时的科举制度必须中了举人（又称为"孝廉"或"乡进士"），当了"老爷"，才能入仕为官，并具备参加会试的资格，要实现人生的宏愿，必须继续忍受寒窗苦读之苦。汤雨时把自己的想法和打算告诉家人，母亲虽然是一介女流，倒是个明白事理的人，全力支持儿子继续读书，更相信儿子将来肯定能高中。

汤雨时登程赴考时，母亲点灯上香拜祭祖先，求祖先保佑儿子高中。事有凑巧，一只老母鸡正好企在地伏（门槛）上，像公鸡般引颈高声啼叫。民间一直有进门踩地伏的禁忌，母鸡为阴性而企在地伏上更是不吉利，况且母鸡啼叫是乾坤颠倒的不祥之兆，这还得了？全家人面对这突如其来的怪异现象，个个惊呆了，瞠目结舌地看着母亲。这时，只见母亲从容不迫，双手合十，向着祖先神位祈祷，说出一句石破天惊的偈联：

神前点着灯，地伏鸡乸啼；
我儿登科士，必定状元归。

古语云："精诚所至，金石为开。"贡院放榜，汤雨时以十三名及第。这时早有人家报喜，茶塘村人乐开了花，母亲更是喜不自胜，笑得见牙不见眼，手忙脚乱一阵子，才想起要给堂上祖先点灯上香答谢神恩。汤母来到神龛前，发现灯油早已用完，于是屁颠屁颠地跑到杂货店想赊点生油。不料，由于上次赊欠的物品尚未清还，店主面有愠色，不太愿意再赊。母亲顿觉不知所措，急得团团转，边往回走边喃喃自语："呢次祖先开眼，雨时终于高中了，都怪家穷无用，连灯油都没钱买，真是愧对列祖列宗啊！"店主听汤母这么一说，心感奇怪，忙步出柜台，硬扯着汤母要

"竹林七贤"是古代文人崇尚的生活方式

问个明白。汤母知道店主是个打烂沙盆问到底的人，况且自己眼下急需生油点灯拜神，于是便把汤雨时中举的事告诉了他。店主听罢，立刻满面堆笑，把汤母手中的油樽抢过来，把油壳伸进大油埕，边恭维边把生油往油樽倒，过了一会，汤母惊叫"漏油啦！"店主才急忙停手，低头一看，只见地上生油漏了一大滩。此时，汤母拿过油樽，喜冲冲地赶回家点灯拜神了。自此，汤雨时"一朝中举满地油"的传说成为佳话，一直流传至今。

俗语云："人无三代富，书有百年香。"汤雨时的后人发扬家风，秉承先志，在各个领域中多有建树，其中有以下佼佼者：

汤应燎（1874—1953），汤雨时次子，光绪年间秀才，民国期间在花县政府任书理，曾为作德小学校董、茶塘乡长，参与编写民国版《花县志》。

汤祖耐（1901—1952），汤应燎六子，曾参加"二七"大罢工和广州起义，曾任五和乡长、炭步圩长，1933年创办作德小学，任名誉校长和校董，其后创办茶山市场和火柴厂，生产"飞机唛"牌火柴。

汤祖宪（1904—1982），汤应燎七子，毕业于岭南大学（中山大学前身），曾任国民革命军第十九路军少尉连长。后转贵州航空学校。陈济棠主粤期间，任广州天河机场后勤部上校，燕塘黄埔军校空军战术代课教官。抗战期间，参加以美军为首的"驼峰"行动，抗击日军。抗战胜利后，回到茶塘村，任作德小学校长、巴江中学教员。

汤祖洪（1903—1960），汤雨时之孙汤应燎之侄，在舅父朱兆莘（赤坭黄沙塘村人，民国外交要员）的资助下留学英国剑桥大学，获博士学位，毕业后回国效力，曾任国民政府西南政务委员会机要秘书。

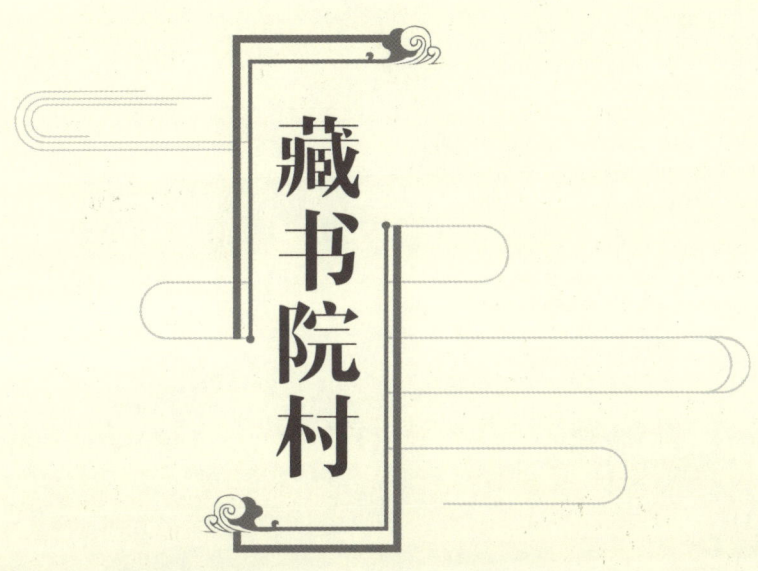

藏书院村

钟灵毓秀藏书院

　　藏书院村位于花都区炭步镇西南,为谭氏一族单姓村落。谭姓先祖于南宋时从南雄珠玑巷迁至广东高明,再迁广州郊区沙龙村,明末再从沙龙分支而来,立村400多年。村名原为"藏寿庄",藏者,指该村群山环抱、翠林掩映而潜藏不露;寿者,指该村得天独厚、钟灵毓秀而天齐人寿。相传,该村一向崇尚耕读之风,村中读书人多,一次乡试考上举人和贡生者多人,考官为奖励本村,特送牌匾赐名"藏书院",中华人民共和国成立后曾改名"藏峰",现户籍人口1300余人。2009年,藏书院村被授予广东省第二批古村落称号。

　　让我们走进这个村名别致、寓意隽永的村子,流连驻足,近距离感受藏书院文脉留香、福寿绵长的文化意蕴。

藏风聚气的风水格局

古人建村立宅,通过对天文、地理、水文、生态、景观等各种环境因素的综合评判,来确定村宅的选址、方位朝向和布局,务必寻得一处风水吉地,讲究依山傍水、藏风聚气,崇尚"左青龙、右白虎、前朱雀、后玄武"的格局,强调人与自然的和谐,体现天人合一之境。

据村中老人介绍,藏书院村正是按照这个风水理念规划布局的。开村之初,堪舆师环顾四周,只见左边是高耸起伏的中洞山,好像一条青龙昂首翘尾舞长空;右边乱石仰卧的坡地是苍翠挺拔的松树林,酷似一群白虎匍匐听松涛;前面平展的田畴上错落耸峙笔架、丫髻二山,形成"双峰朝旭"的奇幻景致;后面狮形岭的山麓是参天茂密的簕竹林,围成一堵交椅状的巨型绿色屏风;金铜鼓和水坑源两条河流从东西两翼蜿蜒流过,汇入村前半月形的风水塘,确实是"迎堂聚水称福地,四灵守中乃洞天"……在这样一个山环水绕、灵秀汇聚的优美环境中立村,村落选址与风水理论得到完美统一,可见这确是一个上乘的风水格局。该村洪圣古庙《建造三帝庙题名碑记》也印证了这一点:"(藏书院)秀峰耸峙于前,狮形拥护于后,左右曲水潆洄。堪舆师叹曰:美哉胜地,异日伊乡长享富贵,大开文运,端兆于此矣!"

藏书院村坐西南向东北,村面长约250米,梳式布局,规划统一,平整规肃,蔚为壮观的十数座古建筑在村面一字排开,极具岭南乡村特色。村中建筑呈次第升高布局,由低到高向后山延伸,既有利于通风纳阳和排

藏书院新村

水,又增加了村子层层递进的空间美感,更有"青云直上,步步高升"的美好寓意。村前地堂有3口水井和面积近30亩的水塘,水塘外是广袤的农田,村后由密不透风的簕竹林作屏障,村头村尾各有一座炮楼把守,其布局颇具防御功能,给人以安谧平和的感觉。

藏书院村现保存较完整的古建筑约70座,其中庙宇、祠堂、书舍等14座,其余为三间两廊式的民宅。建筑形制大多形成于清代,也有部分遗留明代风格,村面建筑保存最为完整。每列建筑由冷巷相隔,巷门楼均嵌红砂岩石额,巷深约200米,现存冷巷11条,大多由石头铺砌,侧砌排水沟,部分设有水井。冷巷由村面一直延伸到后山簕竹林,颇有柳暗花明、意犹未尽的意境。

藏书院村是一处风水宝地,自然资源丰富,村民生活比较富裕,因此得风气之先,较早开启文化教育,深受儒家传统熏陶,形成独特的耕读文化氛围,历史上涌现了众多的名贤先哲,明代谭志尹、谭必显父子"舍己为人"的事迹载入《花县志》,清代举人谭礼造福家乡"夜不闭户"的故事广为流传,民国陆军少将谭生林抗日救国的传奇家喻户晓……应验了堪舆师"大开文运"的谶言,切合了"藏书院"村名的寓意,实现了"地灵人杰"的愿望。

现在,虽然藏书院村茂林高耸的松树林已不复存在,而雄伟拱卫的中洞山依然屹然挺拔;村后山麓密不透风如屏障的簕竹林消失了,而村边两条河流还在缓缓流淌……青山依旧,绿水长流。走进藏书院村,我们依然可以感应到它藏风聚气的风水磁场,依然可以察看到它五行布局的痕迹,依然可以领略到它昔日耕读文化的繁盛。

慎终追远的庙祠意蕴

藏书院村人秉承中华民族"饮水思源，慎终追远"的传统美德，感恩于神灵的庇佑和祖先的福荫，使得村子风调雨顺、天地融和，使得族人开枝散叶、繁衍生息。族人期望神恩泽被后世，宗枝源远流长，于是纷纷捐资解囊，营造庙宇，广筑祠堂，祭祀神灵，供奉祖先，以谢神恩。据村头洪圣古庙碑记所载，该村原有两座庙宇，一为洪圣古庙，供奉南海神洪圣爷；一为三帝庙，供奉真武帝、文昌帝和关圣帝。两庙在村头村尾遥相对峙，屹然并存。后三帝庙倾圮，村人便把三帝神像搬迁至洪圣庙合祀。

我国文化兼容并蓄，求同存异，在文化学术和思想流派上曾出现百家争鸣的局面，在宗教信仰上儒、释、道和谐共处。民间认为，天地每一个空间都有一套神灵管理，每一位神灵都有其特异的功能，于是民众仿照现实社会的管理架构，糅合一些历史故事、民间传说和风俗民情，虚构出林林总总的神灵，并根据各自所需虔诚供奉，寄托各自的思想和愿望。藏书院村为何选择洪圣爷和"三帝"作为祀奉之神呢？

洪圣爷是南海之神，藏书院村处于珠江支流巴江河流域，受南海神统理，村民为求风调雨顺拜洪圣。真武帝由龟蛇合体，被视为水神、生殖之神和司命之神，村民想顺风顺水、子孙繁盛、增寿添岁拜真武。文昌帝为主持文运功名的星宿，村民要"大开文运"拜文昌。关圣帝即关云长，威武神勇，被誉为"万能之神"，村民既崇尚练武强身又想"长享富贵"，拜关圣最适合不过。

藏书院村的洪圣古庙始建年代不详，在清乾隆十二年（1747）重建，嘉庆七年（1802）重修，光绪二十九年（1903）再重建，1998年重修。庙里现保存有重修和重建洪圣古庙碑记以及建造三帝庙题名碑记，庙中檐柱

洪圣古庙

与虾公梁雕刻有多副楹联,如"鼙艾歌咏其来已久;樽爵静洁不懈益虔""流不竭恩波书院桑麻齐浴日;显无穷圣化狮山井里乐南天""恺泽颂旁流万顷水田开岁稔;新猷歌式焕千重狮岭起人文""圣德神功万世馨香崇祀典;地灵人杰千秋庆祝著藏书"等,内容主要是歌颂洪圣爷的至尊至圣和福泽万民的功绩。

祠堂为宗族之源,藏书院村谭姓宗亲历经迁徙磨难和创业艰辛,对"安居乐业"渴盼尤深。因此,在藏书院村扎稳根基后,谭姓族人便广筑祠堂,以安妥先灵,使子孙更好地得到祖先的庇佑;以敦亲睦族,增强宗族的凝聚力和向心力,实现宗族的兴旺繁荣。藏书院村的祠堂和"厅堂"主要分布在村面,从右至左分别为谭氏祖祠、谭氏宗祠、云溪公祠、法明公祠、始初草庐、子义公祠、宏振家塾、桂诗书舍、云山公祠、兰堂书院、信魁书舍、卓亭书舍、南岳书舍等,绝大部分还在使用,近年得到修缮保护,更显愈久弥新,古朴迷人。

现在,藏书院村庙祠的许多功用已逐渐淡化,但是它们却以丰富的文化涵蕴,成为弥足珍贵的历史遗产,成为和谐农村建设的重要载体,成为村人不灭的精神家园。

惟和允合的乡风承继

"和",是我国古人在长期社会实践中逐渐意识到的人与自然、人与社会、人与人之间相互依存的一种理想状态,是万物生生不息、繁荣发展的内在依存,是我国传统文化核心价值观的重要内容。时至今日,"和为贵""和气生财""家和万事兴"等饱含"以和为本"文化意蕴的用语仍然经常出现在我们的日常生活中。

藏书院村人长期受"和

开宴前广场舞助兴

文化"的熏陶，村民团结一心、和睦共处，良好乡风代代承继。洪圣古庙碑记载："然则神听于人耶？人听于神耶？总之，神和人和，牲牷肥硕，樽爵静洁，全村惟和允合，神降之福。"说的是三帝庙倾圮后，村人把三帝神像搬迁至洪圣庙合祀，希望四位神灵与族人都能够和谐共处。藏书院村的古建筑处处蕴含"和"文化元素。例如，谭氏宗祠的堂名为"敦睦堂"，意为"敦亲睦族"，就是希望族人世代和睦相处。青云巷门楼刻有"履中蹈和"，"履"，是躬行的意思；"蹈"，是遵循的意思；"中"是儒家所主张的"中庸"，即无过无不及，恰如其分；"和"就是和谐。"履中蹈和"就是《中庸》所主张的"致中和"，就是在追求适度中实现和谐。族人在祠堂中留字，以此教育族人，要持中致和，宗族才能兴旺。还有，藏书院巷门额均刻有巷名，从右至左分别为文明里、安怀里、人和里、兴宁里、中和里、敦仁里、胜人里、水井巷、正龙里、安和里和金华里，除"水井巷"因该巷长期有泉水从巷中水井涌出得名外，其余的巷名均蕴含"和"文化，寓意颇深。

　　藏书院村独特的风俗民情处处体现"和"文化内涵。"太公分猪肉"是颇具广府特色的民间习俗，就是在每年清明节和重阳节（即春秋二祭）于祠堂举行祭祖仪式，仪式后由村内德高望重之人将猪肉分给族中男丁。也就是说，女人是无法享受到太公分猪肉这个权利的。藏书院村在秋祭太公

谭氏宗祠摆喜宴

分猪肉的习俗与众不同,一是不分猪肉而分鱼。由于该村水库鱼塘较多,秋天正是鱼儿最肥美的季节,因此秋祭不分猪肉而分鱼。二是不在重阳而在中秋。因为中秋节前外嫁女纷纷回娘家探亲"担饼",在八月初六举行秋祭,能顾及外嫁女参与秋祭活动。三是不限男丁而是人人有份。分鱼不只限男丁,而是男女老幼全都有份,这体现了对妇孺的人文关怀。当天,全村男女老幼欢聚在祠堂前面,看着族长把鱼一份一份分好放在地堂中,然后点名分鱼,村民提着肥鱼欢天喜地回家共聚伦常。另外,每年新春元宵佳节前一天晚上,是村民的大聚会和宗族的大融合,村面的地堂上摆几百席,全村上下包括外嫁女、朋友及周边群众均可前来享受这顿温情的春茗大餐,然后在祠堂举行投灯和游灯活动,现场醒狮跃舞、洪拳助威、锣鼓喧天、烟花映月、鞭炮齐鸣、人神共乐,非常热闹喜庆,过年气氛达到了高潮,这个习俗一直延续至今,成为凝聚藏书院村人的人文纽带。

藏书院村人追求"天人合一"的村落选址,追求"长寿健康"的理想人生,追求"忙耕闲读"的生活方式,追求"持中致和"的处事态度,造就了团结互助、勤劳互敬、奋发互勉的文化性格。

元宵投灯场面

元宵游灯场面

拳出一声龙侧耳 棍通三点虎低头
——藏书院村洪拳的传承与发展

藏书院村是一个文运亨通的风水宝地，村民养成良好的习文传统，形成独特的耕读之风，出了众多文人学士，村子也因此而改名，应验了堪舆师"大开文运"的谶言。然而，藏书院村人还崇尚练武，喜欢"拳脚功夫"，尤其钟情于洪拳，传承发展二百多年。村民习文提升了思想，端正了品德；练武，增强了体格，磨练了意志。在这个崇文尚武的村子，这一动一静是如此的和谐，一文一武是那么的完美。藏书院村因何与洪拳结缘？让我们走进村子一探究竟。

洪拳的概述

洪拳，是广东南拳流派之一，广泛流行于华南地区，位居岭南五大名拳（洪、刘、蔡、李、莫）之首。它以上半身动作即手桥技击动作为主，以硬桥硬马、出拳刚劲有力著称。练此拳法，要求"动中有静，静中有动，放而不放，留而不留，疾而不乱，徐而不弛"。它的特点是出拳快捷迅猛，拳风呼呼有声，马步稳固扎实，站桩落地生根。如动真格，脚可踢断木桩，踏烂地板阶砖，手能捏碎石仔，指能插墙穿洞，掌可拍裂石狮，掌风震烂门板，头可捬碎砖头，身可撞断石碑，缨枪贯喉无恙，大石压腹不惊。练到炉火纯青处，如身穿铁布衫，刀枪剑戟不入，拳棍锤鞭不伤……据传这便是洪拳的上乘武功，已经达到出神入化之境。

授徒

洪拳的始创者洪熙官是花县（现广州市花都区）赤坭竹洞村猪腰岭人，自幼习武，悟性极高，糅合少林拳与白鹤拳、象形拳等传统拳术，将它们融会贯通，自创独特的武术拳脚套路，取名洪拳。据《花县志》传，洪熙官青壮年时曾返乡，在赤坭圩关帝庙设馆授徒，弘扬洪拳武术，盛极一时。后在广州光孝寺创设"乐善山房"武馆，旨在"复兴民族，振兴少林"，名声显赫。他不仅为南拳的勃兴做出贡献，而且教出了不少武功高

晨练

强、锄强扶弱、惩恶除奸、行侠仗义的武林高手,如莲塘村骆日成、毕村毕海、朱村朱福、大华村关福、铁匠曾国礼等人是他的第一批徒弟,洪拳史称这五人为"前五虎"。在他的影响下,洪拳传人还出了不少骁勇善战之士,如赖汉英、赖汉光、朱子儒、杨升郎等,在太平天国运动中屡建奇功。

洪熙官位列"少林十虎"之首,是武林一代宗师,其名气之大、影响之深,省内无人能与之伦比。他始创的洪拳从最初的一家之拳,发展到今天流派繁衍、传习地域广阔、传习者众多的大家之拳,饮誉全国武术界。

洪拳在藏书院

洪熙官的传奇故事在省城家喻户晓,听说他返乡设馆授徒,花县西隅一带的习武者如影追随,不少人得到了他的真传,如上文所说的"洪拳五虎"等,洪拳功夫亦因此在家乡得以传承。其中,藏书院村是洪拳有名的传承地。

据藏书院村《谭家祖传拳棍论》载:"洪熙官为始创者,其嫡传弟子谭让,让子谭敏得父真传,武功非凡,扎马落地生根,在南粤久负盛名……谭海、谭苏腾、谭三、谭见记、谭丁贵五人为晚清'谭氏五虎',武功传奇俯拾皆是……洪拳在本村流传已到第九代。"

洪拳在藏书院村何时兴起,村中老人给不了准确的时间,但有二百多年历史是无异议的。旧时,藏书院村男女老幼都练洪拳,练拳成了村民生活中的一部分。村民说:"藏书院,藏书院,书没藏有几本,家家户户藏着的,是洪拳功夫。"村里的武馆设在祠堂,大门两侧长年贴着"拳出一

传承

三代同台献技

声龙侧耳,棍通三点虎低头"的对联,以降龙伏虎喻洪拳声威,联意颇有气势。每天清晨,村民便在地堂上动起手脚,从不间断,晨起练拳成了村中一景。晚饭后,村民就聚集在祠堂切磋武艺,风雨无阻,已经成为一种习惯。

藏书院村人在练习洪拳过程中,不断创新套路,丰富招式,经过数代人的努力,洪拳在藏书院村得到发扬光大。20世纪70年代,花县曾举办全县武术比赛,藏书院村的武术队囊括所有奖牌,足见其武艺之精、功夫之猛、习武人数之广、武术套路之多。2007年,中央电视台第4频道《走遍中国》栏目组专程前来藏书院村,拍摄专题片《洪拳》。村民们积极配合摄制组,表演了洪拳的完整套路及醒狮表演,完美地诠释了洪拳的精髓。不久之后,专题片《洪拳》在央视4套播出,亿万群众在电视上领略到"原汁原味"的洪拳神韵,欣赏到洪拳坚如磐石、落地生根、硬桥硬马的英姿。藏书院村从原来默默无闻的小村子,一下子名声鹊起,蜚声在外。

洪拳传承与发展

无论哪一门艺术,都要有一定的生存空间,才能传承和发展。现实生活不是江湖电影,孤寂的桥手扎马功夫与浮躁的现代社会不相协调,还有多少人能静下心来苦练洪拳，洪拳传承和发展的路子该如何走下去呢？

藏书院村人摸索出一条快乐练武的途径，在练习中充分运用各种武器和生活器具，融入洪拳的各个套路和招式中，无论刀枪剑戟还是棍棒锄耙，信手拈来，随手可练，总结出几十种武术套路，大大丰富和发展了洪拳的演练程式。藏书院村人还将洪拳与醒狮表演结合起来，舞狮者随着鼓点的缓急轻重，恰如其分地将武功招式贯穿于舞狮的动作中，将醒狮舞得极其生动逼真，并有意加大醒狮表演的难度，惊险的动作让观众看得提心吊胆，每到险象环生处观众心跳加速发出惊呼，而化险为夷之后便博得观众的阵阵喝彩和掌声，洪拳结合醒狮的表演更具观赏性。

诚然，现在农村生活环境变了，村民的生活方式也变了。老年人有了更多休闲的娱乐方式，年轻人走出村子进城务工和生活，学生哥在高压的学习竞争中埋进了书堆，大妈们把全副身心投进了欢快的广场舞……现在，每周一晚的武馆开放日还在坚持着，但村内晨起练拳的情景已日渐少见。据统计，目前全村练拳者约400人，其中年轻人不到一百。因此，有人担忧洪拳的传承会青黄不接、后继无人。不过，积极乐观的藏书院村人说："只要祠堂还在，就会有醒狮，就会有洪拳！"

2015年，洪拳被列入广州市非物质文化遗产保护名录，而传承人正是藏书院村的父老乡亲。

后继有人

民国陆军少将谭生林

谭生林（1903—2007）花县（现广州市花都区）炭步藏书院村人。他是花县民国时期五位获得少将以上军衔的其中之一，也是入选广州史志丛书《民国广东将领志》花县籍的八位将领之一。先后于黄埔军校第五期工兵科、庐山军官训练团及南京陆军步兵学校毕业。历任广东警卫军排长，第十六师连长，广州警备司令部特务营长。1934年任广东东区绥靖公署上校科长。1936年冬任广东第一军区参谋处长，警备旅参谋主任，第四六三旅九二六团上校团长。抗日战争爆发后，任第一五五师四六五旅副旅长，1939年秋升任第四六五旅少将旅长。1940年秋任第一五五师副师长。1941年任肇清师管区副司令。1943年任闽粤赣边区游击总指挥部副参谋长。1945年9月授陆军少将。1946年7月退役，长居广州。1978年移居美国。2007年10月30日去世，享年104岁。

有人说，藏书院村是块风水宝地。据该村洪圣古庙《建造三帝庙题名碑记》载："（藏书院）秀峰耸峙于前，狮形拥护于后，左右曲水潆洄……美哉胜地……长享富贵，大开文运，端兆于此矣！"或许有青山的孕育，有绿水的滋养，藏书院村历史上名流迭现，高官政要、富商巨贾、文人学士等人才辈出。本文介绍的是民国陆军少将——谭生林。

投笔从戎 屡建奇功

谭生林像

谭生林，字作楫。原籍花县炭步藏书院村，世居广州。1903年出生于广州惠爱中路（现中山五路）照壁巷4号，家境清贫。父亲谭和星曾在新军标统营丁守臣部任总务工作，因与谭嗣同等改良主义者有接近，颇受"反专制，尚民主"维新思想的影响。谭生林幼年时期，正值清王朝腐朽无能、列强虎视眈眈的时候，国内外爱国志士纷起，"推翻满清，复兴中华"的革命运动风起云涌。谭生林在父亲维新思想的熏陶和革命思潮的影响下，从小孕育了救国救民的思想，眼看辛亥革命的胜利果实为军阀所窃取，认为没有军事实力就不能巩固革命成果，于是在17岁时毅然投笔从戎，入粤军军士教导所学习军事，从此开始了沙场杀敌的戎马生涯。

1926年，谭生林参加北伐军第四军，攻打武昌城时，担任攻打通湘门第三队爬城队队长（"爬城队"又称"敢死队"）。武昌城城高池深，墙体坚固，易守难攻，连攻一日一夜攻不下，伤亡惨重，牺牲了1500人。经过围城40多天奋战，终于拿下武昌城，俘获湖北督军陈嘉谟及师长刘玉春。庆功会上，武昌钢铁工人用铁铸造成"铁军"两个大字，送给第四军。此役，第四军荣获"铁军"称号。

1936年，谭生林在李汉魂率领的一五五师当团长，驻防潮阳县城，兼任潮阳、惠东、南山、普宁四县警卫队训练所主任。当时地方治安恶劣，抢车劫客事件时有发生，部队驻防后，谭生林严令地方加紧缉凶，形势有所扭转；当地没有设置卫生院，谭生林将悬红缉凶的赏金全部拨给地方政府成立卫生院；当地人因水利没有搞好，争水灌田械斗事件时常发生，谭生林遂召集地方乡绅商议解决办法，完善水利设施，制止了械斗，得到当地群众一致好评。

1938年，谭生林晋升为副旅长，开赴陇海线作战。徐州会战，在罗王砦一役中，谭生林部担任主攻。罗王砦原本是一个土寨，因靠近陇海铁路而成为徐州南面一个重要据点，当时为土肥原师团驻守，与邻近敌营连成一线，切断了徐州南下通道。由于交通被日军切断，大量的物资不能运出，故攻打罗王砦具有重要的军事价值和战略意义。但是，罗王砦有坚固的城堡，城外四面都是开阔地，城濠的小麦被日军割光，扫清射界，要攻克城寨，确是困难重重。谭生林显示出大将之才，仔细观察城寨和周边环境，对这次战役作了周密部署，在民房打开枪眼，用重机关枪连封锁大路，对付增援敌骑兵，然后分兵数路，猛烈攻城。谭生林临时兼团长，亲上前线指挥作战。攻城部队冒着敌人枪弹炮火，发动几次冲锋，终于冲到城濠内与敌军展开肉搏。谭生林麾军压上，在重火力掩护下终于攻下罗王砦。攻克罗王砦，打败了日军最精锐的土肥原师团，救出几百列火车，使大量物资从徐州运出支援前线，为徐州会战的胜利奠定了基础。

1939年，广州沦陷后，省政府迁至韶关。粤北紧张，谭生林旅驻守国泰，迎击敌军，激战四昼夜，日军不得已被迫退却。同年，谭生林参加桂南会战之后，晋升副师长。年底，李汉魂调任广东省政府主席，谭生林亦回粤任广东省军管区司令部连连阳（即连山、连县、阳山）自卫总队少将总队长。在连县、阳山等地整训部队及修筑国防工事，捍卫了广东大后方的安全。同时还大力协助救济机构，把战区和沦陷区大批儿童接到粤北各地儿童教养院安置。

抗战胜利后，谭生林调任第二方面军司令部少将参议兼任顺德日本战俘管理处主任。1946年7月，日俘遣送完毕，谭生林被定为第一批退役军官。

热爱祖国　关心桑梓

由于谭生林退役后没有在地方政府谋取一官半职，而是选择经商，成为一名普通商人，因此我们无法在官方典籍上查找到他退役后的生活状况，只了解到他曾与友人合股经营航运，商行名称叫"共和船务行"，有"利民""顺昌"两艘花尾渡航行于广州与梧州之间，为两广交通提供方便。

因为谭生林秉承藏书院人惟和允合的良好家风，为人低调，处事中庸，从不在乡人面前摆款显贵，因此他在家乡的口碑极好，只是时隔几十年，我们只能从村中父老的口述中了解零星片段，而这些足以让我们感受到他对祖国对家乡的隆情厚意。

谭生林非常关心家乡人的生活。他虽然生在广州长在广州，但忘不了他的根在花县炭步藏书院村。因此，无论是在战场休整的时候，还是在商海纵横的间隙，总不忘家乡的父老乡亲。据村中老人说，有一年，家乡患灾荒，村民连后山的竹叶都啃光了还是饥肠辘辘，有的村民甚至出现了水肿。谭生林听闻，马上组织物资回乡赈济，在祠堂门口架起两口大锅，煮粥水接济村民，连续了好几个月，连邻近村庄的灾民也惠及，附近乡村没有发生饿死人的现象。

抗日战争期间，连县有优越的地理位置，良好的自然环境，当时也有不少花县同乡移居此地以避战祸，谭生林与同乡江起鹏（花山洛场村人）、徐日新（新华公益村人）等组织成立了"花县旅连同乡会"，联络乡亲，团结互助。1947年，谭生林与同乡利树宗（花山新和村人）、江起鹏组织成立"广州花县同乡会"，由利树宗、谭生林分任正、副主席，会址设在广州丰宁路，同乡会为花山地区修筑水利及广花公路恢复通车做出了巨大努力。

谭生林十分关心家乡的教育。1946年，他热心创办学校，把赤坭荷塘村棠澍小学改办为巴江中学，还担任该校董事长。巴江中学后来几经搬迁，由荷塘搬到三和庄，又搬到炭步茶塘，后来再搬到炭步巴江河畔，改称为花县第二中学（现花都区第二中学）。谭生林还在本村创办了"藏书院小学"，开学典礼前他邀请当时国民党高级将领张发奎为学校题写"藏书院小学"的横匾。如今，年纪较大的村民还记得他谆谆教导当时的后生："一定要勤奋、认真读书，读到书才有出息，读到书才能报效国家，读到书才能光宗耀祖，如果读不到书只能做睇牛仔、赶猪仔了。"

谭生林还热心于家乡公益事业。他了解到中洞山在连场暴雨后很容易形成洪流，对本村百姓造成威胁，于是个人出资修筑中洞水库工程，使村民免受水患之灾。后由于各种客观原因未能完成，但是他关怀乡梓建设之热情由此可见。中华人民共和国成立后，谭生林曾任花山水利委员、榕塞河水利委员、广州谭氏宗亲会总会监事长等社会职务。

谭生林对共产党领导的中华人民共和国成立以来取得的各项成就极为振奋，对今后社会主义建设事业亦充满信心，尤其对祖国统一大业更为关心。1978年，谭生林经政府批准移居美国。临行前，他专程回到家乡藏书院，拜谒村里的谭氏祖祠，对家乡父老表示：他虽侨居海外，仍心怀祖国，今后对祖国统一大业，将尽其所能，力促成功。

昔日战争的硝烟早已散尽，当年骁勇善战的少将已归尘土，历史的长河仍在脉脉流淌、绵绵不绝……我们走进藏书院村，谈起这位驰骋沙场保家卫国的将军，讲到这位热爱祖国关心桑梓的乡贤，还是不禁肃然起敬。我想，这就是人之精神所在！

高溪村田心庄

高溪古韵话田心

田心庄是花东镇高溪村的一个自然村，俗称"欧阳庄"，为欧阳氏一族单姓。据族谱载，该族入粤始祖欧阳彪于唐乾符三年（876）任广州刺史，从江西庐陵落户广州番禺，十三世祖欧阳歘迁居番禺沙蚬（现广州市白云区江高镇沙溪村），二十二世祖欧阳尚珠从沙蚬迁居花县，先在县城落脚，后在黄岗岭（现花东镇凤岗村）结庐，最后于清嘉庆三年（1798）迁此立村，因该村地处农田中心而得名"田心"。欧阳氏在此繁衍生息200多年，传十多代，发展到现在近600人。

古村概况

田心庄坐北朝南,平面布局呈长方形棋盘状,结构严谨、布局规整、形制一致、风格统一、规模宏大、保存较好。村子的东西阔约130米、南北深约90米,建筑占地约18亩。村子隐藏在一马平川的沃野平畴中,周边被苍翠茂盛的林木环抱,北面和西面各有一条河涌绕村流淌,村子充满灵动的气韵,确实是理想的宜居之地。

村子的建筑以献堂家塾为中轴,左右对称分布,各有民居四列,每列建筑以冷巷间隔,冷巷前后设有门楼,门楼上下各凿五孔安装"枧闸",夜晚把五根圆木柱插入孔中,门楼上方暗格有机关固定木柱,再关上厚实的巷门,形成一个封闭的围村,只有狗只能从门楼下侧的狗洞进出。村前是宽阔的地堂,地堂的前面是一口与村面等长的半月形水塘,再前面是连片的水田和果园。村后砌有高大的围墙,村头、村尾和村后各有一座炮楼把守,村子的构造颇具防御性。

田心庄一方面体现着中国传统村落的一般面貌,例如聚族而居、选址上注重风水、规划上注重与自然环境的协调,尤其是在建设上重视村落的安全防御,这一点与花县的历史背景有关。花县在建县前为番禺、清远、从化等县错壤交界之所,属"三不管"地带,土匪在北部花山啸聚山林,周边数十年来匪患连年,这对广州府的安危造成极大威胁,为肃靖地方、巩固边隅,清廷才同意在此设置县治。花县东隅距土匪老巢"花山寨"不到十里,老百姓与"贼窦"为邻,经常受他们滋扰。因此,一些大族豪门为抵御匪贼,在立村或建房时特别注重

巷门楼

防御性。田心庄就在花山脚下，欧阳氏族人丁相对单薄，他们的先祖未雨绸缪，在立庄时即注重安全防御设施的布置。另一方面，又有着鲜明的岭南地方特色。由于岭南气候闷热潮湿，因此村子针对南方天气而布局，村子坐北朝南、呈棋盘布局、每列建筑以冷巷间隔、三间两廊式形制、悬山顶屋面、村前设一口水塘……这些，都能够起到冬暖夏凉、通风透气、排水去污、遮荫纳凉等作用。

田心庄统一规划，同期建造，在建筑物的当眼处，如门楼、屋脊、墀头、门楣、檐口、滴水等等，广泛采用灰塑、砖雕、木雕、石雕、壁画等建筑装饰工艺作点缀，使整个村子琳琅满目，历经200多年风侵雨蚀依然美不胜收，至今仍是花都最华丽的民居建筑，可以想象当初村子是何等的富丽堂皇。

现在，当你漫步在田心庄，行走于巷里门楼中，驻足于灰塑砖雕前，流连于民居宅第间，徘徊于地堂塘基上，徜徉于田埂菜畦里……你会感觉仿佛穿越了古今，回到了久违的故里，嗅出了家乡的味道，勾起了童年的回忆，一种淡淡的乡愁油然而生，此时此刻只有静谧与安宁！

古巷深深

村落中轴

广东人重视修建祠堂的习俗远近闻名,花都各村大姓基本上都建有祠堂。祠堂是家族系统的一个硬标志和精神核心,其建筑集中了族人最大的人财物力,因而成为村中所处位置最重要最堂皇的建筑。

田心庄以献堂家塾为中轴,它不是祠堂却具备了祠堂的功能,而它为什么不叫欧阳氏宗祠呢?据村民说,一方面,当年始祖欧阳尚珠来此立村,毕竟周边巨族大姓不少,自己家业虽然丰厚,还是应该低调谦虚为妙,不便大张旗鼓,招邻里嫉妒惹麻烦;另一方面,俗语有云,"有多大的头戴多大顶帽",当时欧阳氏族人丁不算繁盛,按照乡规建三进祠堂是不允许的,既要为族人建造一个精神家园,又要体现本族推崇的耕读风尚,因此便以"家塾"名之。

献堂家塾于立村时建造,1997年曾重修。三间三进,总面宽12.7米,总进深29米,悬山顶,灰塑龙船脊,灰碌筒瓦,青砖墙,花岗岩石脚,红砖铺地。头门明间设有仪门,次间青砖砌墙,靠后开拱门。中堂设4根硬木金柱,后金柱间设有8扇屏门,上挂"抱璞堂"牌匾,次间在檐口处砌青砖墙,饰有花窗。后堂的明间设神龛一座,供奉该村欧阳氏历代祖先神位;次间青砖砌墙。每进之间设两廊,中间天井用花岗岩条石铺地。家塾在重修时改用了现代原料,破坏了建筑的协调与美感。

田心庄每列建筑都有一条冷巷相隔,笔直的冷巷不但能通风纳凉、开

献堂家塾

阳排水，而且给人一种悠远不尽的意境和层层递进的美感。而在中轴线的右侧，有一条与众不同的巷子，它前端狭窄，后端宽阔，呈戽斗状，村民把它称之为"戽斗巷"。戽斗巷对比其他笔直的冷巷似乎有些另类，为何要在村子的中轴处设置这条冷巷呢？我们先来了解戽斗，它是一种取水灌田用的旧式农具，用铁皮制成，中间装竹把，略似斗状。日常生活中，本地人除了用戽斗戽水灌田外，还用于戽水捉鱼。现在，农田科学灌溉已经普及，河涌生态环境改变也没鱼可捉，戽斗主要在民俗上使用，如新居"入伙"，主人站在门外，把大米、银仔、煎堆、油角、糖果、桔仔、苹果等物品装进戽斗，然后把这些代表"财富"的吉祥物品戽进屋内的"窝仔"内，寓意主人家在新居钱财有进无出，生活富足无忧。

古人以右为尊，田心庄的构筑者在中轴线的右侧设置戽斗巷，是祈望欧阳氏一族财源广进、福泽绵长！

保护发展

献堂家塾的堂号为"抱璞堂"，其典故出自《战国策·齐策四》，意为怀抱璞玉，保其本色，不为爵禄所惑。田心庄寂寂隐藏于村野200多年，犹如一块未经雕琢的美玉，"养在深闺人未识"，直到2003年开展广州市第四次文物普查，才慢慢被揭开庐山真面，引起了文物部门的关注。田心庄在2000年被公布为广州市内部控制历史文化保护单位，2002年被公布为广州市文物保护单位，2009年被评定为第二批广东省古村落，2012年被评定为广东省第三批历史文化名村，2015年被评定为广州市第三批美丽乡村建设单位。

然而，田心庄虽然有众多光环笼罩，但一直得不到有效保护，现存状况不容乐观。一是村子已经有200多年历史，长期受风雨侵蚀，建筑物存在不同程度的破损；二是村子被农田水圳包围，村面地势较低，周边路面因建设而不断抬高，村里的沟渠排水堵塞，建筑物长期潮湿发霉；三是村子建筑构件在历次政治运动中遭人为毁坏，一些精美的灰塑、木雕、砖雕、壁画等面目全非，失去了原有的艺术价值；四是不少村民在二十世纪七八十年代将厨廊的瓦面改成水泥面，方便晾晒谷物，部分建筑结构改变了原样；五是村民大多迁往新村居住，村里除个别房屋仍有老人居住外，房子大多空置，长期闭门空气不流通，容易受到白蚁的侵蚀……然而，值得庆幸的是由于田心庄较早被列为广州市内部控制历史文化保护单位和广州市文物保护单位，因此没有发生村民拆旧建新的现象，未对村子造成"破坏性建设"或"建设性破坏"，现在村子虽然比较破旧，但是整体环境仍然古朴和谐。

2008年始，广东省文联和民协联合开展了广东省古村落评选活动，花都区共有11个村落先后获评省级古村落，其中炭步镇塱头村为首批，而田心庄则是第二批。塱头村经过多年的打造，已经发展成为国家"AAA"级景区，被评为第六批中国历史文化名村、第二批中国传统村落，而田心庄的变化却如深水微澜。2015年，高溪村被广州市政府列为第三批美丽乡村建设单位，并下拨了1200多万元对村子的基础设施进行了修缮，村容村貌变得整洁漂亮，这给田心庄创造了一个保护与发展的良好机遇。

田心庄，南靠广州白云国际机场，北接机场高速北延线和山前旅游大道，交通十分便捷，占有地缘优势。我相信，在新的历史时期，这个美丽的小村子一定能够得到有效的保护，一定能够得到可持续的发展，一定能够焕发出更加迷人的光彩！

民 居
——田心之魂

田心庄，没有塱头高头镬耳的宏伟气派，不像水口营村有末代探花等名人支撑，也少了三华村文化底蕴的深厚积淀……然而，田心庄的文物价值却是花都区现存古村落中最高的。因为，这里的主角"民居"位列花都区之冠，被誉为田心之魂。让我们走进田心庄，慢慢品味民居建筑的精髓，感受它历久弥新的魅力。

民居概况

在田心庄一座民居的门头上有这样一段文字:"朱文公居家四本云:读书,起家之本;勤俭,治家之本;和顺,齐家之本;循理,保家之本。"我想,田心庄的始祖正是按照这个"家"的理念去构筑和营造这个"大家"的。

立村时,始祖欧阳尚珠便以献堂家塾为中轴,为福、禄、寿、荣、华、富、贵、全八子各建房1座,左右对称分布,两边各4座,均为三间两进,每座由冷巷相隔。后来又各建民居两座,为三间两廊结构,纵深3座相连。其后再建则以横巷相隔,又建相连四座,再以横巷相隔,如此

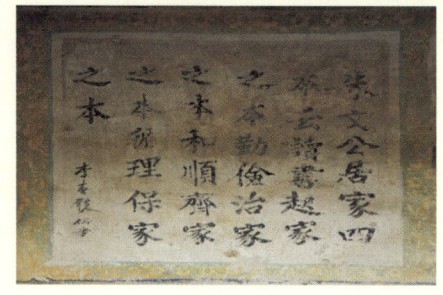

朱子家训

类推。这种前后相连、后座照壁是前座后墙的建筑形式,当地人称之为"亲牢屋"。田心庄现存较为完整的古民居共有41座,而最完整的当数"犀斗巷"一列,共有8座。

田心庄民居除了头座在正面留有大门外,其余均由两廊进出。这样,廊门打开,东西横向可以一眼望穿。廊门关闭是单门独户的"小家",廊门一开就是家族院落的"大家"。这种"亲牢屋"结构,不仅通风透气,而且方便邻里守望,往来照应。尤其是夏天的晚上,关上巷门"栊闸",廊门敞开,清风徐来,尤觉清爽。大人们到各家串门拉家常,小孩则在冷巷追逐玩耍,这种简单的乡土生活确实令人神往。

田心庄民居虽然风格一致,但规格却不完全相同,每列建筑的后座要比前座高一个瓦筒位、纵深长一个瓦筒位,冷巷就变得前低后高。这样,既方便通风排水,又使建筑产生层层递进美感,更有来日方长、步步高升的美好寓意。

犀斗巷

封檐板木雕

民居艺术

田心庄民居之所成为花都民居之冠，重要原因是它的建造者十分注重民居的装饰，建造房子就像雕琢一件艺术品一样，其建筑工艺有着较高的艺术价值，可以说，每一座民居都是一个艺术品。我们通过民居的局部去认识它的艺术价值。

灰塑"宝鸭穿莲"

灰塑"金鱼"滴水

首先，屋顶的灰塑龙船脊。民居的屋脊采用灰塑的龙船脊，船身瘦窄轻盈略呈弧形，两头卷草尾向上翘起，线条极为优美，船身布满繁复的如意饰纹，在黛青色的筒瓦衬托下，就像一艘艘凌水欲飞、此起彼伏的龙船，营造出赛龙夺锦、百舸争流的文化意蕴。龙船脊除了装饰之外，还有克制火灾和压顶挡风等作用。

其次，门面的"凹斗式"设计。头座民居是整个村子的门面，每座民居的门面都呈"凹斗式"，明间凹进去，次间凸出来，形成了"富贵不断头"的回纹，此设计犹如点睛之笔，配上檐口灰塑、青砖墙、花岗岩墙基、花岗岩门框和次间两个小窗户，使民居线条层次丰富，颜色搭配深浅分明，整个村子不但富有立体美感，而且蕴涵了吉利深长的寓意。

还有，精美的建筑装饰工艺。民居的门面或重要部位，如门楼、门官、天官、井神、门楣、檐口、屋脊、墀头、滴水、封檐板等，广泛采用了灰塑、木雕、砖雕、石雕、壁画等装饰工艺，式样丰富多彩，工艺异常精美。例如，民居的两廊都设有"滴水"，均饰以灰塑，但图案各异，有金鱼、鳌鱼、蝠鼠、莲花、葡萄、葫芦、南瓜、暗八仙等，这些图案饱含吉祥如意、幸福安康的文化意蕴，如金鱼寓意金玉满堂，鳌鱼寓意独占鳌头，蝠鼠寓意福在眼前，莲花寓意步步连生，葡萄寓意生生不息，葫芦寓意福禄双全，南瓜寓意瓜瓞绵绵，暗八仙寓意长寿神通……

三间两廊

田心庄民居除头座建筑为"三间两进"形制外,其余均为"三间两廊"结构。这种民居结构是典型的岭南传统民居建筑形制,它设计巧妙,独具匠心,处处体现先民对美好生活的向往。我们以门牌36号民居为例,与大家分享这种"三间两廊"式民居的文化内涵。

36号民居位于"厍斗巷"的第五座。它的人字封火山墙线条简单明快,将两头翘起的龙船脊衬托出浪遏飞舟的动感,悬山顶的设计能有效保护墙体不被雨淋,檐墙两侧的卷草纹饰寓水能镇火。它的主体建筑为三开间,前带两廊和天井。明间为厅堂,厅堂靠后设有一座两层高的木制神楼,神楼的设计非常巧妙,从神龛可看到正屋瓦檐与前座屋脊之间的一线天,阳光不能直射到神龛上,而神龛又觉得光洁明净,神灵在屋内便可与天地感应。次间为房,前后端各开一门,以便子女长大后可从中隔开,一分为二,方便兄弟妯娌和睦相处。两廊外侧砌看墙遮挡,在外看不到廊檐和瓦面,檐口嵌花岗岩条石槽,雨水通过石槽一侧流向天井,一侧通过"滴水"排出屋外。两廊开门通外,门面呈"凹斗式",开门通风,闭门聚气,形成冬暖夏凉效果;两廊的屋面比主屋低,前低后高,既利去水,又有后来居上的含义。天井三面的屋面有一侧内向,雨水落入天井,再由暗渠流入村前水塘,称为"四水归源";天井与廊连接的一面高墙,亦即是前座的后墙称为"照壁",能挡住主

巷两侧均是"三间两廊"式的民居

屋财气不往外泄。这样，就构成一个既通风透气又开合自如的三合院。

该民居的工艺非常精细，最为精美的要数砖雕。两廊设有砖雕门官神龛，雕刻凤凰、牡丹等纹饰，顶部横排刻"旺相堂"三字，神位正中竖排刻"门官土地旺相福德正神位"，两旁刻对联"年月招财和合童子；日时进宝利市先官"。天井照壁中有砖雕天官神位，中间竖排刻"天官赐福"，左右两侧印章形刻"千祥云集""百福骈臻"，饰以梅花鹿、麒麟、双狮、喜鹊、牡丹等吉祥图案。天井左侧有水井，井圈由整块花岗岩石雕凿而成，井旁侧墙上镶嵌井神砖雕，正中竖排阳刻"井泉龙王"，周边雕刻花卉纹饰。这些砖雕的图案纷繁复杂，工艺精湛独特，可惜部分在"破四旧"时被人为损坏。

砖雕"天官赐福"

田心庄民居建筑整体协调统一，个性鲜明突出，工艺精美异常。可以想象，刚建好时的田心庄更是富丽堂皇、美不胜收，我想欧阳氏族人在此生活一定会倍感自豪和骄傲。今天，我们身临其境，感受到田心民居的魅力，对那位独具匠心的设计者不禁肃然起敬！

砖雕"井泉龙王"

砖雕"门官"

田心庄的传奇故事

田心庄欧阳氏有着"九代不扶犁耙"的显赫家世，有着浓厚戏剧色彩的发家传奇，有着"好命之人"楷模的济美家声，有着同姓一家抵御强梁的励志故事……让我们走进田心，听听村中父老讲述他们祖先的传奇故事。

拾破烂发家

大家想象，一个家族在同时建造如此宏伟气派、精美华丽的村落，需要有多雄厚的资金作支撑？据传，该村流传有"九代不扶犁耙"的说法，说的是其先祖富有的程度能使他之后的九代人不用耕作都能过上丰裕的生活。究竟田心庄的始祖欧阳尚珠是如何发家致富的？这里流传着一个颇具戏剧色彩的传奇故事。

古语云："君子之泽，五世而斩。"据传，欧阳氏虽然是为官入粤的，但传至欧阳尚珠时，家道已经衰败，沦落到常为生计烦忧。后为寻求发展出路，欧阳尚珠便从广州北郊沙蚬（现白云区江高镇沙溪村）迁到花县城，靠收买破烂维持家计，做了一个名副其实的"收买佬"，天天走街串巷，高声叫喊"收买烂铜烂铁"，境况实在孤寒。有道是"否极泰来，时来运转"，生活艰难的他突然交上了好运。一天，一对专程从山上来的夫妇找到欧阳尚珠，说是建房挖墙基时无意中挖出大量的破铜烂铁，足足有好几车（鸡公车），并带来了一些样板，询问欧阳尚珠能否收购。欧阳尚珠见他们带来的废品样板外表积满锈色泥巴，形态各异，凿开之后发现有黄色的白色的全是金属。欧阳尚珠顿起疑云，心里嘀咕：莫非是贼赃？迁来花县城后，欧阳尚珠经常听乡邻说，城北山区以前是个"贼窦"，贼匪经常穿墙入屋，拦路打劫，掠夺百姓钱财。后来清廷派兵剿捕，贼匪在逃窜时把钱财分散窝藏，以图将来能东山再起。欧阳尚珠认定这些黄的白的是批宝物，于是答应有多少收多少，按废铜烂铁断斤计算。山上来的这对夫妇听罢，高兴得好似捡到了宝，用鸡公车前拉后推，将这批废品运来卖给欧阳尚珠。运到最后一车，欧阳尚珠问："家中是否还有？""已全部运来，一点不剩。"欧阳尚珠说："这一车，我不收了，你们自己留着用吧！"这对夫妇顿时傻了眼，以为欧阳尚珠反悔了，于是忙说："事先不是说好有多少收多少吗？"不管欧阳尚珠怎样解释，这对夫妇说什么也不肯把最后这一车运回家。欧阳尚珠无奈，只好全单照收。原来这些东西并非废铜烂铁，而是真金白银。欧阳尚珠心里过意不去，动了恻隐之心，意欲让他们留下一车将来生活好过。谁知这对夫妇不识宝，也不明白欧阳尚珠的良苦用心，唯恐卖不出去少了这一百几十个钱，真正是"唔系你财，唔落你袋"。这样，欧阳尚珠在不经意间从一个"收买佬"变成了"九代不扶犁耙"的巨富。

听说欧阳尚珠后来做起了打金银首饰的生意，这是后话。

"好命"的楷模

古籍《诗·召南·何彼禯矣序》说,武王生有五个儿子两个女儿,后被用来表示子孙繁衍有福气,民间还在纸笺或礼品上绘印"五男二女图"以示祝福,并以此作为"好命"的象征。

欧阳尚珠娶妻卢氏,生有俞福、俞禄、俞寿、俞荣、俞华、俞富、俞贵、俞全八子,享有"九代不扶犁耙"的财富,有丁又有财,实现了"福禄寿荣华富贵全"的起名用意,他本人觉得人生若此于愿足矣!

古人云:"五十知天命。"已经过了天命之年的欧阳尚珠,觉得日子过得非常惬意,以为可以这样颐养天年了,谁知就在他五十六岁那年,发生了一件令他落下心病的郁结事,使他平静的生活又泛起了层层涟漪,并写就了他精彩的传奇人生。那一年,地方准备在花县城南的铜鼓坑河上建一座木桥,邻近的乡绅富户纷纷慷慨解囊。欧阳尚珠素来乐善好施,从来不甘人后,他捐款的数目位居前列。不久,坚实美观的木桥建好了,要择定良辰吉日,举办通行仪式。按照当地的俗例,要由一位命水最好的善长仁翁先行过桥,以示吉利。众人皆推欧阳尚珠先行,理由是他不但富有,而且有善心,更有八子相伴,先行过桥非他莫属。欧阳尚珠见众望所归,心里感到十分的舒坦。他捋起袖子,提起袍脚,眉飞色舞,精神抖擞地领着八个儿子,迈开大步,昂昂然地向新桥走去。突然人群中有人大声喊:"慢着,尚珠翁,请问'好'字如何写法?"欧阳尚珠脱口而出:"女字旁加个子字便是。""那么,你有子无女,怎么个'好'法?"欧阳尚珠顿觉心翳肺顶,面红耳热,舌头打卷,无言以对,父子面面相觑,不敢继续前行,嫩爆爆(悻悻)地离开了。最后,还是让"五男二女"的一家人先行。

欧阳尚珠受此奚落,郁郁不欢,整整一个月足不出户。所谓"人争一口气,佛争一炉香"。他思前想后,决意纳妾,后来果然纳了林氏为妾,还真的生下两个女儿,起名欧阳定、欧阳好,终于圆了他的"好"梦,成为当地"好命"之人的楷模。欧阳尚珠老年得女,对两个女儿自是疼爱有加,胜过掌

"五男二女"铜钱

上明珠，听说女儿出阁时除了送金银珠宝外，还每人给一顷良田作为嫁妆，让她们长享外家的福荫。

欧阳尚珠的确是"好命"之人，他的一生积累了雄厚的财富，他的子孙可谓瓜绵椒衍，在他去世时，送葬的后人有108名男丁。

武举欧阳清

田心庄献堂家塾门前的地堂边，竖着一副旗杆夹，为清光绪五年（1879）己卯科中式第四十九名举人欧阳清所立。

我们先了解旗杆夹是什么？原来，在古代科举考试中，村里如果有族人考取功名的，便在宗族的祠堂两侧为高中者竖立旗杆并刻石表记，飘扬的旗帜和矗立的旗杆夹成为族人的莫大的荣耀。可以说，旗杆夹承载着族人的奋斗史，是祖辈功成名就、光宗耀祖的见证，也是激励后人成才立业、继往开来的动力。

旗杆夹的主人欧阳清是谁？听村中父老所述，欧阳清是光绪五年的武举人，生得方脸豹眼，相貌堂堂，虎背熊腰，力大无穷。但是，他并非田心庄的，而是花山五星村沙龙人。那他的旗杆夹为何立在田心庄呢？原来，我国传统是以家族为根基、以血胤为纽带的，认为同姓"五百年前是一家"，所谓"同姓三分亲"嘛。因此，旧时不管哪个村里的读书人考取了功名，只要是同姓的，便是宗族的荣耀，于是把彰显族人荣光的旗杆夹立于祠堂前面，成为族人学习的榜样。这种宗族文化的认同，就像在国外听到自己老家的乡音一样，那种亲切感是无法言表的。

故事说的是，由于田心庄村小人少，又比较富有，历来为土匪贼人所注目。有一年，外村有一伙无赖到田心庄滋事捣乱，意欲"敲脚骨"（敲诈），欧阳清得知后提着大关刀立马赶来相助。欧阳清力气大在十里八乡是远近闻名的，他使用的大关刀老称净重120斤，舞动起来却如舞竹棍般轻巧。只见他大步流星赶到，豹眼圆

欧阳清旗杆夹石

瞪，把大关刀往地上一插，大声说："谁能把关刀拔起，此事我就不管了。"无赖们面面相觑，估计自己无这个能力，无人敢上前拔刀，只好悻悻离去。自始，便再无人敢来田心庄惹事。为了震慑贼匪、长壮村威，欧阳清把使用过的大关刀放在献堂家塾的墙角内，由于关刀太重，放关刀的墙角上方被磨出一道深槽，至今仍清晰可见。

现在，这副旗杆夹已经静静伫立在这里160多年，旗杆夹上的字迹不知描了多少遍，已经变得斑驳模糊了，但每当看到它还是觉得很耐人寻味，仍然感受到欧阳前辈当年高中时给村人带来的荣光，睹物思人，不觉产生恍如隔世的感觉。

听完父老讲述的故事，看着这个美丽的小村子，油然发出唏嘘的叹息。翻开欧阳氏族谱，一行"族规"映入眼帘，"敦孝悌，重忠信，明礼义，守法纪，振书香，知廉耻，务正业，讲团结，重婚姻，禁赌博，重宗祠，惜谱牒"。我想，这就是田心庄欧阳氏的精神核心所在。

三华村

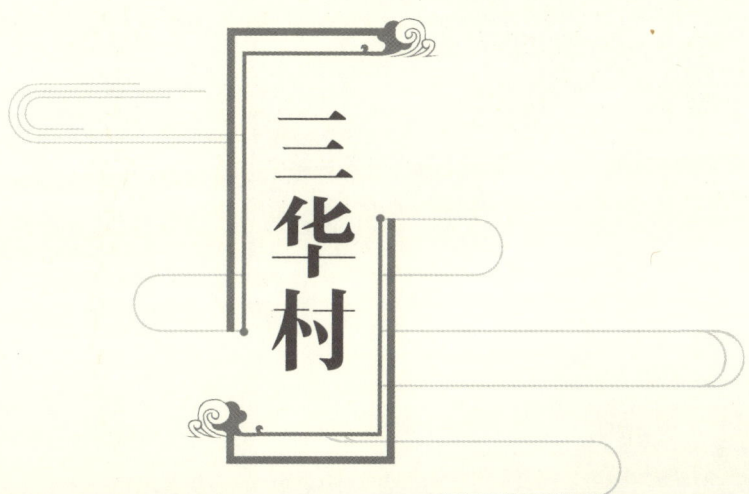

三华千载寄乡愁

　　三华村位于广州市花都区新华街西北面,西与毕村一河之隔、东靠公益村、南临大陵村、北邻乐同村,分中华里、西华里、元华里、东华里四个经济社、18个村民小组,现有面积约2.5平方公里、鱼塘约500亩、户籍1800余户、人口约5500人。三华村处于花都交通要道之间,村东有京广铁路、武广快线贯穿,村西有广清高速、107国道越境,城区建设路与云山路在村的东侧和南侧经过,可谓车水马龙,川流不息。三华村又是位于花都区接袂成帷的城东与新兴崛起的城西的结合部,隐藏在高楼林立、烦杂喧嚣的闹市中,虽然没有了农田和耕地,但依旧是古屋俨然、水塘连片,仍保留着乡村的那份宁静和安谧。

显赫世家

三华村徐氏族谱名为《东海南徐》，是由于徐氏发源地以今天江苏徐州（古称徐国）为中心，遍布旧时统称为东海的鲁南、苏北（江苏镇江，古代称南徐）及浙江沿海一带，是当地的一个大姓大族，所以后裔也以"东海南徐"代表自己的根源，以"东海堂"作为堂号。徐姓后人共同供奉的祖先是徐稚，豫章郡人（即今江西南昌），是东汉时期著名的高士贤人，耕种为业，清贫自乐，淡泊自守，广采博学，高风亮节，乐于助人，人称"南州高士"。南北方诸多徐姓家谱表明，徐氏大多由江西迁出而繁衍。

据三华徐氏族谱载，该村徐氏一族原籍江西南昌府，到了第二十八世祖徐信（字德孚，号泽江）因授官肇庆中书台谏而落籍广东，成为本族入粤始祖。徐泽江生宗善、宗理、宗远三子，长子徐宗善授官肇庆总戎而居肇庆南岸，次子徐宗理好学著书而隐居南海茅州，三子徐宗远生于宋至和二年（1055），授官南海县主簿，见"巴由之境，地广民稀"，于北宋元丰八年（1085）来此"辟田构宇"而居，名其庐曰"三华"，成为三华村徐氏肇基始祖，立村已有930多年历史。

三华村徐氏有"八代单传，九代发枝"之说。立村之初，徐氏文人辈出，官运亨通，却人丁单薄，从徐宗远始连续八世为官，但八代单传，香火摇曳。譬如，二世祖徐淳为绍兴元年举人出身、授官盐运司同知，三世祖徐球为举人出身、授官国子监助教，四世祖徐起授官国学博士宣教，五世祖徐汝能授官浙江余杭县丞簿尉，六世祖徐梦德授官留守判官、徐梦冲

三华全貌

祠堂的中堂为族人议事场所

授官理宗朝提督，七世祖徐孔孙为举人出身、授官礼部员外郎，八世祖徐国正授官南康府判。

相传，旧时有位风水先生路过三华村，见水乡风光如此旖旎，欣喜中又啧啧微叹，喃喃自吃，可惜旺才不旺丁啊！太婆追问破解方法，风水先生神秘地说，一切皆看缘分，譬如"筷子"和"笔"二物只能选其一，你如何选取？太婆想，筷子代表人丁，笔代表文才，应该选筷子。但她又想，人用筷子是一人一双，而握笔的是一人一支，算起来肯定是要笔比要筷子合算，于是选择了笔。风水先生哈哈大笑，看来我们是有缘人，三华村人丁单薄，一是这里没有靠山，风不藏气不聚，且多发大水，巨蟹潜游不定，先天根基不足；二是大祠堂对着"蛤蟆浮头"处有一官墓，阴气太重，"蛤蟆"与"巨蟹"争食，后天没有及时补救。你们要在村中最高位筑一座宝塔，镇住巨蟹；在大祠堂前面挖两口井作蟹眼，以此照射"蛤蟆"，立三门大炮，每年大年初一响炮九响，此阳数最大，以此遏阴提阳。这样，必定人丁兴旺，子嗣延绵。

果然，到了第九代连生六子，徐氏一族开始开枝散叶，家族逐步庞大，逐渐析分成中华、西华、元华、东华四里。之后，居地不断扩展，先后拆分到大塘边、大华、兴华、五华、公益、茶园、大陵莲溪、小东圃、狮岭东边、赤坭荷塘和锦山等地立庄，以及拓展到省城泮塘、禺北江高神山、南海紫洞官窑、顺德容奇、清远、博罗平蕉岭等地，现花都徐姓人口约3万人。

千年遗韵

踏入三华这个千年古村,仿佛走进凝固了的时空,一边是喧嚣的繁华都市,一边是静谧的乡野农村,一步之遥,一静一动,竟有天壤之别。这里,庙宇、祠堂、书院、门楼、民居、冷巷、地堂、井泉、水塘、河涌、路桥、圩市、古树名木等,构成了一个较为完整的历史文化街区。

根据实地观察及村民的集体回忆,我们试图还原三华村过去的本来面貌:

○这里,保留了300多座明清风格的建筑。村里现存祠堂13座,分别矗立在各社的重要位置,其中资政大夫祠建筑群占地27亩多,是一组具有鲜明地域文化特色的、融中原文化与岭南传统文化于一体的传统建筑,也是花都现存规模最大、工艺最精、保存最好、级别最高的建筑群;民居大多为三间两廊式,其中位于元华里中心巷(村民称之为"大巷")的徐焰民宅为华侨建筑,中西合璧风格,整体采用灰塑、砖雕、石雕、木雕、壁画等装饰工艺,有"麒麟吐书""丹凤朝阳""起居叶吉""视履考祥""来才贵""福鼠衔钱"等艺术造型,工艺精湛,美轮美奂。

祠庙辉映

○这里，原有"三庙一塔"，即水仙庙、娘妈庙、八角庙和镇蟹塔。水仙庙，位于资政大夫祠的东侧，奉祀御史大王，原址在大华村大湖庄，因庙堂小香客多，后由徐氏集资迁建于此。娘妈庙（"妈"广州话读"马"ma⁵音），位于资政大夫祠的西侧，奉祀天后，中华人民共和国成立后，县政府迁到新华，需要大量砖石兴建办公楼而遭拆毁。八角庙，在资政大夫祠旁边，奉祀洪圣与北帝。镇蟹塔，也叫"文笔塔"，因村落布局呈"蟹形"，蟹善游于水草，为维持村子风水格局，防止巨蟹游走，经风水师指点，在村西南角现元华里南侧靠铁路处建了此塔。该塔被村民誉为"仙境"，远在数公里外的东莞村石塘深潭能清晰看到文笔塔的倒影。八角庙与镇蟹塔均在民国四年（1915）被"乙卯大水"冲毁。

○这里，原有"三桥一坐"，即锁龙桥、娘妈桥、高桥和高坐。锁龙桥，又称镇龙桥，位于中华社之东，民间认为水患是蛟龙所致，于是造桥镇锁之。娘妈桥，位于村西的泥河之上，村民以此出入娘妈庙而故名，桥长40多米，1991年修107国道

娘妈桥

时被毁。高桥，也在泥河之上，村民以此往返高坐。由于村西沙海水位高，雨季到来，村子经常受淹，于是在清光绪二十一年（1895）筑起了一道南起大陵北至乐同的土坐防洪，村民称之为"高坐"，坐上种满荔枝树，近几年天马河两岸铺设绿道时被毁。

○这里，原有"三圩一巷"，即安和市、横圩、旧圩和"猪仔巷"。三华立村之时，先祖已经在村里开茶店，因此村子又名"三华店"，之后陆续建了三个圩市，分别为安和市、横圩、旧圩，当地人称为"市头"。清光绪年间，粤汉铁路在三华村经过，徐氏在新街火车站旁建"新民埠"，遭侵华日军烧毁后易地重建，改名新华市，就是现在花都新华街的中心位置。贤华里，是三华村最漂亮的巷里，两边的房子多为中西合璧风格，房主多数是海外华侨，然而这条巷子又名"猪仔巷"，过去本村人多有被卖"猪仔"的，这一砖一瓦都是他们漂洋过海赚下的血汗钱砌筑而成的。

○这里，被誉为"英雄村"，有一段光荣的村史。1909年，中国同盟会番花分会在中华里的集之徐公祠后楼成立，1911年农历三月二十九日，这里的40多名敢死队员义无反顾地参加广州起义，"十八烈士"碧血黄花，慷慨成仁，孙中山为三华村亲笔写下"毁家纾难，功在党国"的匾额。

民俗荟萃

三华村，因悠久的人文历史和特殊的地理位置，形成了春节舞狮拜年头、端午节扒龙船、盂兰节放河灯等岁时节令游艺活动，以及御史大王诞、娘妈诞、洪圣诞、北帝诞等民间信仰习俗，民俗活动精彩纷呈，村民从年头乐到年底。

○新年"拜年头"。大年初一，村中于上一年结婚的新人要到大祠堂拜祖先，祈望开枝散叶，生活甜蜜，称之为"拜年头"。新人将名字登记在祠册上，在祠堂宴请族老亲朋，打响祠堂门口的大炮，至此礼成，新人以后有了分太公猪肉和祠堂饮宴的权利。拜年头最热闹的活动是舞狮，其中以"徐馆"的醒狮名声最响，其馆主叫徐伟，因师傅花名"丧猫"而称"丧伟"，擅蔡拳和洪拳，无影脚最为了得，在广州、香港和家乡开有多间武馆，珠三角地区威名远播。

节庆活动

○四大神诞。三华村是岭南水乡,庙堂供奉着四位水神,每逢神诞,村民必举行庆祝活动。

三月廿三娘妈诞最有特色。它是典型的女儿节,由出嫁女当主角,于当天回娘家拜娘妈。出嫁女对娘家有着特殊的感情,家乡有自己成长的点滴,有家人一起生活的印记,有童年最美好的回忆,与其说是为娘妈祝寿,更像是一场女儿大聚会,大家互相问候,抚今追昔,难免感慨一番,同时又洋溢着无比的温馨。

"御史大王诞"演出《六国大封相》

九月初九御史大王诞最隆重热闹。初八晚,水仙庙前已经搭好戏台,庙堂中门大开,御史大王神像正对着戏台,大戏从当晚起连做三天,《六国大封相》首场开锣,人山人海,人神共乐。初九是游灯,从庙中请出菩萨开路,醒狮紧随,锣鼓喧天,醒狮后面是高高在上的"色仔色女"(即"飘色"),之后是八音队和手持刀枪剑戟的武术队,最后是提着灯笼的群众队伍。游灯队伍先到大祠堂,然后到各经济社巡游,场面好不热闹。难怪外村人常戏谑:"三华佬,九月九,舞马骝!"

三月初三北帝诞与二月十三洪圣诞"打醮"祈福。据《花县志》载,这两个诞期,各村都举行祭祀。三华村除每年诞日请"南无佬"祭神外,还定期举行大规模拜祭仪式,叫做"打醮"。打醮时,要扎几十个大小不一的神像、兽像,摆设在醮坛内外,雇请二三十个"南无佬"轮流诵经,最后抬着神像游行,俗称"菩萨游街",又叫"行香",男女老幼都要列队参拜,仪式极为隆重。

○五月初五"五龙"闹海。三华村大祠堂里有一条龙船，船身40多米，可坐86人，四个经济社也各有一条龙船。每年的五月初一村民便把船从泥河中起出，称之为"龙船搁水"。然后给船翻新、上油、挂彩等，在西河渡"龙口"处举行"扒龙船"的出河仪式。端午节期间，龙船会在

天马河扒龙船比赛

沙海举行扒龙船比赛，并前往高塘、江村、巴江、流溪河等扒舟联谊。现存只有大祠堂的大龙船，前几年村环境改造时起船，目前放置在大祠堂中。

○七月初七放河灯。七月初七盂兰节是祭奠野外鬼魂的节日，俗称鬼节。村中庙宇与祠堂联合"打醮"，超度乡间游魂野鬼。当天晚上放河灯，各色各样的船灯点燃，放在泥河、沙海、内河以及大小水塘中，水光倒影，满河溢彩，蔚为壮观，村民少了对鬼节的忌讳，反而成了村的一道风景。

古榕情结

○社日祭社公。三华村四个经济社的村头各设有一个"本坊社稷之神"，村民称之为"社公"。古人具有感恩之心，认为凡与人们日常生活有关的事物皆有神在，在城有城隍，在乡则有社稷之神，简称社神、社公，就是土地神。祭祀社神叫"社祭"，分"春社"、"秋社"两祭，称为"社日"，乡民于是日以酒菜设祭于社坛，拜祭后联欢聚餐。现仅存中华里锁龙桥畔榕树头的社公。现在，社祭活动已经消失，但每逢初一十五，还是有很多村民前来点香祭祀。

乡村规划

时移世易，沧海桑田。不知不觉间，纵横交织的河网被填平，整体划一的村落被拆分，广袤无垠的农田消失，昔日氤氲水乡被幢幢高楼包围，这里成了彻底的"城中村"。村民易地兴建新房，古老的民宅人去楼空。便捷的交通、廉价的房租，这里成了"收买佬"的天堂，随处可见堆积如山的废品，随处散落着被丢弃的垃圾，古村俨然成了藏污纳垢之所，村容村貌变得越来越脏、越来越乱、越来越差。

三华村新一届领导班子为落实中央"乡村振兴"的战略和花都区"建设文明生态旅游"的思路，按照"产业兴旺、生态宜居、乡风文明、治理有效、生活富裕"的要求，提出"用二三年创建中国历史文化名村"的目标，决心将三华村打造成广东省古村建筑博览园，计划从三方面着手开展创建工作。一是充分发掘、保护和整合本村的历史文化资源，按"修旧如旧"原则对残破的旧建筑进行修缮，对文物保护单位级别进行提升，复原御史大王诞、扒龙船等民俗活动。二是大力整治村落环境，全面清理收破烂的店档，疏浚周边的河涌，整治臭水沟，建设古董商街、园林绿道、文化广场、临水栈道、滨水平台等景区，种植黄花风铃、宫粉紫荆、桃柳李杏等观赏性花木，形成一个环境清幽、设施完善、积淀厚重的文化历史街区。三是依托广州民俗博物馆，借力中国历史文化名村的创建，加大宣传与包装，提升三华村的对外知名度。

我相信，这个区委区政府所在地的"门户村"、花都重要旅游景区的"窗口村"、花都空铁融合发展核心区的"后花园"，不久将焕发出更加迷人的光彩。

水乡三华

庙祀水仙桥锁蛟——探寻三华村水乡文化踪迹

三华村,都市里的村庄,四周被高楼包围,没有农田没有耕地,是城市一块"夹缝地"。所幸,三华村新村易地而建,旧村还保留了多口水塘,把各村社分隔开来,较少出现"一线天""握手楼"和"贴面楼"等城市化产物,但管线杂乱、排水排污不畅、垃圾成灾、街巷狭窄拥挤等情况还是普遍存在。然而,这里过去曾是河涌水网交错、湖泊沼泽连片、村庄错落有致、古榕华盖撑天的岭南水乡呢。我们根据村中老人的回忆以及族谱方志的记载,去探寻三华水乡的文化踪迹。

"蟹形"布局

三华立村之时,徐氏族人将村落设计为"蟹形"格局,以中华里为"蟹身",元华里与西华里则为"蟹钳",认为蟹以水草为居,与水乡环境相协调,能够庇佑徐氏子孙延绵,家族兴旺。

徐氏大宗祠(村民称之为"大祠堂")前有两口水井,即是"蟹眼",是村子的灵魂之处。据说,大祠堂前面遥对着一座官墓,墓名"蛤蟆浮头",

徐氏大宗祠

影响村子的风水,造成人丁单薄,于是村民便在大祠堂前面挖了两口水井,一来给三华这只巨蟹添上两只眼睛,增强村子风水的灵动气场,二来蟹目可以照射官墓,阻挡煞气。

由于三华村地势低洼,每逢大水一到,村西的沙海水位高涨,村子便被包围在一片汪洋之中,犹如一只巨蟹浮游于水。村民回忆说,民国四年(1915)的夏天,淫雨成灾,西江和北江水位暴涨,清远石角堤崩决,巴江河、流溪河泛滥,两河流域两岸尽成泽国,人畜伤亡甚多,塌房数以万计,早造水稻失收,祸害严重,史称"乙卯大水"。当时三华村水浸高达4米,村民纷纷爬上屋顶,八角庙、镇蟹塔等建筑被这场大水冲毁。

氤氲水乡

高堂治水

三华村西有两条河流，一为沙海，即现在的天马河，水面比村面还要高；一为泥河，位于现107国道的位置，与沙海并列南流，最后注入巴江。村东也有一河，从大华一直向南流向三华，在贴近村子的时候突然改道，向西蜿蜒，在中华里的北面经过，然后并入泥河。

控制住沙海与泥河两道水，基本能够有效防治水患。清光绪二十一年（1895），村民在沙海与泥河间修筑了一条名为"高堂"的堤坝作拦护。高堂南起大陵村北至乐同村，上面种满小山丘状的荔枝树，每到六月蝉鸣荔熟时，满树流丹，一河倒影，蔚为壮观，可惜荔枝基在近几年大修绿道时毁了。同时，村里还修筑了两个水闸，一个在泥河流经农新桥的前面，水涨全开，水退半关；一个在今水仙古庙前的内河内，泥河水退则开，水涨则关，确保村庄不受水淹。

十里荔枝堂

还有，村民充分利用村前村后低洼湿地储水和泄洪。过去，村前村后都是大片的沼泽地，分别名为"门口塱"和"后底塱"，有大面积的低洼地，旱天能储水抗旱，雨天能排水泻涝。沼泽地一直延绵到现在的铁路东土名为"白沙田"一带，以前很多野鸭、水鸡、白鹭、鹌鹑等，只能莳晚造禾。村后沼泽地的河堂种满了水翁树，一到夏天，村里小孩爬树摘水翁花，晒干煲水，能清热解毒，祛暑生津，消滞利湿，村民常用于产后风。现在，这两个"塱地"只存在于村民的记忆中了。

庙祀水仙

过去，三华共有三座庙宇，分别为水仙庙、娘妈庙和八角庙，奉祀御史大王、天后、洪圣与北帝四位水神，后由于自然灾害及人为破坏，现仅存水仙庙。关于水仙庙，还流传着一个神话般的传说故事。

做大戏贺神诞

　　相传,古时这里的村民素有罾春水鱼的习俗,一个和暖的春日,大华村一个叫徐镇的村民从大早到下午,大半天一条小鱼都没罾到,心中非常纳闷,本想收罾,但心有不忿,于是趁着夜幕来临前下最后一罾。这次起罾,手感与之前的完全不同,鱼罾好沉啊,村民心想,这一罾可能是大鱼了。鱼罾露出水面,并没有什么大鱼,而是一个木箱。出于好奇,村民打开木箱,依稀看见箱内装着一个灵牌,上面写着:何绍基御史之灵位。箱内装着一盒茶树种籽。村民见状,想起村中相传关于自己太公与番禺沙湾何御史交情甚笃、曾有生死之约的传说,原来这个木箱竟载着何御史的英灵,随着沙海逆流而上,践约而来。于是,村中父老便商量集资,在村头建起这座水仙古庙予以祀奉,香火甚盛。

　　村民把何御史的生辰九月初九定为御史大王诞日,举办游灯、做大戏等酬神活动。村民把茶籽种在土名"白沙田"之东的高地中,后形成一片茶园,就是现在公益村茶园自然村,所产茶叶清香回甘,口感甚佳,名为"水仙茶"。

桥锁蛟龙

在水仙古庙前面流淌着一条蜿蜒的小河，从大华村一直向南流向本村，快到中华里时突然向西拐弯，环抱着中华里汇入西面的泥河，像一条玉带缠绕着村子。在水仙庙对着的河段上，有一座三孔石梁平桥，长约18米，河中

锁龙桥

两桥墩为红砂岩砌筑，两侧砌成分水尖，并不起眼，却有着一个响亮的名字，叫"锁龙桥"，又称"镇龙桥"，据说是村里的风水桥。

水在人类文明的发展中起着重要的作用，水给予了人生存、生息、生养的环境，但发怒时也会掠夺人性命。民间认为，造成水患是蛟龙的所为。传说中，龙与蛟是不同的，龙是一种善变化、能兴云雨、利万物的神异动物，为众鳞虫之长、四灵之首，代表着神圣皇权，有统治四海之力；而蛟则被称之为"恶蛟"，贪玩成性，兴风作浪，常从波涛中窜出，龙头在云雾里，尾巴在水中搅动，把江河的水卷到天上去，称之为"龙搅水"，导致船沉桅倾，泽野千里。蛟龙若遇雷电暴雨，必将扶摇直上腾跃九霄，渡劫后可化为龙。每逢端午，村民便把藏在泥河中的龙船起出来，在沙海举行"扒龙船"活动，一河两岸人山人海，锣鼓震天，鞭炮齐鸣，场景好不热闹。

三华村建锁龙桥，一是源于大禹治水镇锁蛟龙的故事，希望能镇锁住蛟龙，不要兴风作浪，使这里风调雨顺；二是有风水师曾言这环抱村子的蜿蜒之水为龙气所在，设桥于此能锁住河水弯曲盘旋的龙气，保佑村子长盛久兴。

时移世易，岁月变迁。三华村昔日烟空白鹭的水乡环境已经不复存在，十里丹荔一江红的景象已成过去，做大戏放河灯扒龙船的盛况也难得一见。正如水仙古庙碑记所说，"缅维先哲，赫著威声。文标鲤论，武典雄兵。其生也荣，其圣也灵。以享以祀，四境升平！"我们探寻三华村的水乡文化特色，是希望以此唤起大家的记忆，共同去追寻理想的精神家园。

祠院煌煌冠花都
——记广东省文物保护单位资政大夫祠建筑群

广东人重视修建祠堂的习俗远近闻名，历代以来留下众多的祠堂。花都人追随社会风尚，星罗棋布的祠堂几乎遍布各乡村，现保存较好的有300多座。这些祠堂虽历经岁月沧桑，饱受风雨侵蚀、战乱冲击、人为破坏，依然耸立在村中重要的位置，成为村民慎终追远的精神家园。花都区众多祠堂中，三华村资政大夫祠建筑群是一组具有鲜明岭南文化特色的传统建筑，不论在建筑规模还是建筑艺术上，均居花都区现存古建筑之首。

万千气象第一祠

资政大夫祠建筑群建于清同治年间，由资政大夫祠、亨之徐公祠、南山书院和水仙古庙组成，简称"两祠一院一庙"，以现存规模大、建筑规格高、装饰工艺精而成为花都祠院之冠。

一是规模大。建筑群总占地面积2.21万平方米，从东到西由资政大夫祠、南山书院、亨之徐公祠组成，其间以宽2.3米的青云巷相隔，巷道用5列花岗石并排铺砌，笔直幽深、层层递进。资政大夫祠右侧还有一路建筑，名为"大夫第"。资政大夫祠与南山书院为三间四进，亨之徐公祠则为三间三进。资政大夫祠及南山书院后面相距6米处，建有两座毗连的后楼，居高临下，高端大气。建筑群总面宽56.7米、总进深57.1米（不含后楼），总建筑面积3500平方米。门前有广场后有花园，广场前有一口半月形水塘。水仙古庙在建筑群的东侧，三间四进，左右两个衬祠，精美的人字山墙很陡很高，增强了高低跌宕、错落有致的空间美感，与资政大夫祠建筑群高大气派的镬耳山墙形成鲜明对比，两者相互辉映，融为一个完美的整体。

二是规格高。资政大夫祠是三华村兵部郎中职衔加六级徐方正为敕封资政大夫的祖父徐德魁、父亲徐时显而建造。南山书院是兵部主事衔加一级徐表正为敕封奉直大夫的父亲徐时亮而建造。据史料记载，咸丰初年，花县城遭红巾军严重破坏，徐表正的父亲徐时亮在咸丰五年推举为孝廉方正，他积极联系众乡绅捐款重修花县城。咸丰、同治年间，国家发生多次重大水灾，徐方正、徐表正等乡绅不惜捐巨资赈灾，被朝廷多次记"河功"，获得朝廷的封诰，于是建造了高规格的祠堂书院流芳后世。这"一

资政大夫祠建筑群

祠一院"都建有圣旨牌坊，资政大夫牌坊是三间四柱四楼青石牌坊，奉直大夫牌坊是三间三楼砖石牌坊，上面都雕刻了"圣旨"，是花都首个设有两座圣旨牌坊的建筑群。

三是工艺精。建筑群广泛施有砖雕、石雕、木雕、壁画等装饰工艺，大到屋顶山墙的碌筒、屋脊的博古灰塑、头门的破子棂栏栅、牌坊的抱鼓石等，小到梁架驼墩、墀头、挑头、雀替、封檐板及牌坊的斗拱等构件，工艺都非常精细，构图十分准确，造型惟妙惟肖，动态栩栩如生，使整个建筑群琳琅满目，富丽堂皇。

资政大夫祠圣旨牌坊

牌坊戏台人物造型砖雕

书院气派数南山

南山书院位于资政大夫祠与亨之徐公祠之间，规模与资政大夫祠相等，一样设有圣旨牌坊，南山书院究竟是书院还是祠堂？笔者根据书院功能提出三点设想：

一是名副其实的教育机构。书院是我国封建社会独具特色的文化教育模式，萌芽于唐末，鼎盛于宋元，普及于明清，改制于清末，是集教育、学术、藏书为一体的文化教育机构。据民国版《花县志》载："雍正元年礼部议准州县于大乡巨堡各置社学书院，择生员学优行端者，补充量，给廪饩。几近乡子弟有志于学者，俱令入学，肄业仍造名册，于学臣按临之日，申报查考。"里面记录从康熙至光绪年间不等，有花峰书院、步云书院、均和书院等书院社学共14间，大多分布在县城、圩市及乡村巨族中，但南山书院不在其列。

二是名为书院实为祠堂。祠堂建筑始于西汉，历代对建造祠堂都有严格的规定，对祠堂的规制有诸多限制，到了清雍正时更恐民间利用祠堂联乡结党，危及朝廷而管制更加严厉，于是民间便出现了大量书院、书室和家塾。这些以"书"字为名目的建筑，其实就是严令之下祠堂的衍生物，与祠堂起着相同的作用。广东人重视修建祠堂的习俗远近闻名，这里是南蛮之地，所谓"山高皇帝远"，虽然朝廷对建祠有种种限制，但祠堂还是在南粤大地遍地开花。

三是徐表正为父亲建的生祠。所谓"生祠"，即旧时指为活人修建的祠堂。《史记》载："栾布为燕相，燕齐之间皆为立社，号曰栾公社。石庆为齐相，齐人为立石相祠，此生祠之始也。"据记载，东汉时，有为任延、王堂、韦义等立生祠，而他们均是当官并有政绩可称颂者。明熹宗天启年间，魏忠贤擅自把持朝政，权倾天下，许多谄媚者或畏惧其气焰者为他立生祠，之后似乎"立生祠"成为一种小人才会做的龌龊之事，民间便很少立生祠了。

上述三种情况，南山书院建于同治三年（1864），此时书院制度还在推行，三华村徐姓是本邑大族，而书院名字却不见于典籍，因此笔者认为它不是专门的教育机构。徐方正、徐表正均为官，前者祖父徐德魁、父亲徐时显因此受赠资政大夫，后者父亲徐时亮受赠奉直大夫，应该说两人都可以为祖、父辈修建祠堂。而据民国版《花县志》载，徐时显妻黄氏24岁守寡，说明徐方正未成年时父亲已去世。《花县志》又载，徐时亮于咸丰五年（1855）中举人，与建书院只相隔9年，按常理来说应还健在，我想这就是南山书院名称的来由了。

庙貌巍峨祀水仙

花都属于珠三角冲积平原，境内有多条河流途经，水患时有发生。因此，旧时几乎村村都建有庙宇，大多供奉北帝、洪圣、天后等水神，祈求风调雨顺、国泰民安。三华村是典型的岭南水乡，除了供奉上述三位家喻户晓的水神外，还有一位特别的神祇，称晋金吾上将军何侍御史，人们尊称"御史大王"。

也有传说,御史大王是宋代御史何兆基。他是番禺沙湾镇人,为官刚正不阿、一生清廉,后被奸人陷害,临终前嘱咐将写有他生辰的灵位与一盒茶籽装在箱子里抛入大海,没有想到这只箱子逆流而上,一直漂到三华村,被他一位挚友后人徐镇捞到,村民就将他的灵位祭祀在水仙古庙。

古庙正门的对联:"柏府秋霜留史笔;蓬壶春水寄仙踪。"为这个故事提供了见证。"柏府秋霜"道出水仙的身份,汉时御史府邸前列柏树,后世因而称御史台为柏台、柏府或柏署,又因御史纠察非法,威严如肃杀秋霜,所以御史台又有霜台之称。"蓬壶春水"指的是蓬莱春水把御史英灵带到三华村,成就了水仙诚信践约的传奇。

据查,"金吾",是类似守卫一类的官职,汉代掌管京师的长官为"执金吾"。而御史在先秦时期是负责记录的史官、秘书官,自秦朝始负责监察朝廷、诸侯官吏,一直延续到清朝。究竟何侍与何兆基是否同一人,我们无从稽考,不过《重修水仙古庙碑》记载了他的神迹,"无求不应,有感皆通。赫声濯灵,万众馨香顶祝;捍灾御患,千秋俎豆常新。振古如斯,于今为烈……"我想,这就已经足够了!

村民把何御史的生辰九月初九定为御史大王诞日,每年按期举行隆重祭祀。村民把茶籽种在村东高地,后来形成一片茶园,所产茶叶清香回甘,口感甚佳,名为"水仙茶"。

近几年,资政大夫祠建筑群获评广东省文物保护单位、广东省第二批古村落、花都新八景,广州民俗博物馆亦在此破土动工,不久将建成对外开放。新的历史时期,资政大夫祠将依托古村落的保护规划、依托"花都八景"的宣传推广、依托民俗博物馆的立项建设,成为南粤古祠的一张新名片!

水仙古庙

辛亥黄花凝碧血
——记黄花岗之役徐维扬与十八烈士

在三华村中华里有一座名叫"集之徐公祠"的建筑，其东侧为积淀深厚的徐氏大宗祠，西南侧为富丽堂皇的资政大夫祠，相比之下它显得太普通了。然而，这座祠堂可不一般，它的后楼是中国同盟会番花分会的旧址。百年前，以徐维扬为首的40多名敢死队员参加了辛亥革命广州起义"三二九"之役，十八名烈士血溅黄花，占了黄花岗七十二烈士的四分之一。孙中山先生亲笔题匾："毁家纾难，功在党国！"

晚清的花县与三华村

花都，原名花县，素有"省城之屏障，南北粤之咽喉"之称，是中原和南粤之间的重要通道，也是古来兵家必争之地。花县北部群山延绵百里，绿林草莽在此啸聚山林，数百年来匪患连年，周边百姓长期受到滋扰。第一次鸦片战争后，中国被加上半殖民地的锁链，广东首当其冲，花县毗邻省城亦先受其害。

粤汉铁路图

所谓"风雨如晦，鸡鸣不已"。花县人民深受兵匪之害，又遭列强横蛮入侵，思想逐渐觉醒，多次举起义旗，演出了一幕幕波澜壮阔、有声有色的历史活剧：第一次鸦片战争时期，花县人民积极参加广州三元里抗英斗争，保家御侮，气慑鲸鲵；清道光年间，洪秀全、冯云山、洪仁玕等在家乡创立"拜上帝会"，著述宣传，使花县成为中国近代史上规模最大、影响最深远的太平天国农民运动的发祥地；清咸丰年间，配合和支援太平天国运动的"洪兵"起义军，两次攻占县城，并与天地会起义队伍会合，围攻广州……

三华村徐氏是当地名门望族，有着明显的地缘优势，粤汉铁路从该村经过，农业商贸发达，人民生活安定。1912年，也就是辛亥革命的第二年，徐氏家族在铁路新街站东侧营建"新民埠"，成为花县农村最大的集市，遭侵华日军烧毁后又在新民埠之东另行建集，改名新华市，成就了花都新华城区的今天。

因此，三华村徐氏族人能够慷慨成仁、从容赴死，并非走投无路而造反，而是与当时广州社会环境息息相关的。19世纪末的广州，是中国通往世界的一个重要门户，相比其他地方，广州风气开化，民众较能接受新的思想。到辛亥革命，孙中山先后发动十次武装起义，其中八次在广东境内，三次更是放在广州。他道出了选择广州作为革命大本营的理由："（广州）因其地得风气之先，人心倾向革命……于我更为有利。"

这，也是三华村人积极熔入民主革命洪炉的原因。

徐维扬与黄花岗之役

徐维扬（1887—1952），花县三华村人。他的祖父曾参与太平天国起义，后回家乡务农。父亲为清末秀才，后从商，常以太平天国故事勉励后人。徐维扬受祖父、父亲的熏陶，少年时便立志要推翻清朝腐朽统治。曾自述："自幼习闻洪天王故事，革命思潮，一触即发。"后来，他进入广州培英中学，接触了西方思想，对孙中山倡导的民主革命尤为向往。毕业后，入广东陆军将弁学堂，与黄兴、赵声、胡汉民、朱执信等人结识，后加入同盟会，并任陆军分会主盟人，从此走上革命之路。

徐维扬像

宣统元年（1909）秋，同盟会南方支部成立后，计划策动新军在广州起义。徐维扬偕同盟会会员莫纪彭回到三华村，组织成立"番花分会"，发展会员1000多人，择其精明强毅者100人，编为敢死队，名叫"选锋队"，准备参加起义。队伍尚未进城，新军起义已败，遂中止行动。

辛亥（1911）"三二九"黄花岗之役，由于广东当局已风闻起义，加强了防备，不宜大规模进城，于是徐维扬带领花县敢死队40多人，与黄兴所率队伍会合共120多人，直扑两广总督署，发动了同盟会的第十次武装起义——广州起义。敢死队突入总督署，总督张鸣岐逃走，起义军焚毁总督署后，在东辕门外与水师提督李准派来弹压起义的北洋军短兵相接。起义军浴血奋战，终因寡不敌众而不幸失败。

这是辛亥革命时期革命党人历次起义中最重要、影响最大的一次，它直接推动了全国革命高潮的到来。1911年10月，武昌起义爆发，2000多年的封建专制王朝轰然倾倒。孙中山后来评价黄花岗起义说："则斯役之价值，直可惊天地，泣鬼神，与武昌革命之役并寿。"

黄花十八英魂

黄花岗之役，花县敢死队员18人壮烈牺牲，分别是徐应安、徐日培、徐容九、徐满凌、徐佩琉、徐礼明、徐培添、徐茂燎、徐熠成、徐昭良、徐广滔、徐进焓、徐保生、徐临端、徐松根、徐廉辉、曾日全、江继复，他们的英名刻在了黄花岗烈士纪念碑上。

黄花岗七十二烈士纪念碑

他们中，有11人在攻打总督署时饮弹遇难，有6人在撤退回乡时遇敌牺牲，有1人回到家乡伤势过重去世；他们中，有10人是当地的农民，有1名是省城的工人，有6人是旅越华工；他们中，年纪最大的50岁，最小的仅20岁，其中45岁以上仅3人，二三十岁占了15人，这是人生中最美好的年华。

在此役中，除以上18人壮烈牺牲外，还有受伤及生还的22位英勇壮士，分别是徐茂振、徐茂均、徐金炉、徐满枢、陈镇卢、徐振益、徐纪桓、徐宝信、徐元潜、徐怀波、徐乾、徐进坤、徐焕辉、徐锡流、徐仪士、徐桃居、徐纪檀、徐成信、陈洪基，还有3人名字已经考查不到。起义后，他们及番花分会的其他会员，有的继续行走在革命道路上，有的在家乡务农隐居，有的背井离乡外出谋生，有的远走南洋避祸……

这里介绍其中一位，他名叫徐茂均，清光绪六年（1880）在美国、加拿大等地谋生，获得铁路工程师职称。他受西方思想影响，痛感祖国积贫积弱，回国后加入同盟会敢死队，黄花岗之役被困于二牌楼华庆里，后幸得脱险生还。回乡后，致力家乡公益事业，辟商埠、兴教育、办交通、开工厂、组农团，一生追求理想，敢于创新，从辛亥革命到搞实验性共产农团，积极投身农民运动和工人运动。

徐茂均像

一个世纪过去了，战争的硝烟早已散尽，烈士的忠魂彪炳史册。古村中，当年令人热血沸腾的同盟会旧址寂静地伫立着，仿佛等待着人们拂去时间的薄纱。几年前，政府出资修葺了集之徐公祠，陈列黄花岗起义历史展览，三华村在这次创建历史文化名村中将复原十八英魂纪念碑，让后世永远记住这些为国捐躯的英雄！

港头村

港头古韵

花都有句"东隅港头,西隅塱头"的老话,说的是旧时当地有两个村落,从村落规模、建筑特色到人文历史都难分伯仲、旗鼓相当,在东西两隅分庭抗礼、各领风骚。西隅塱头我们已作过介绍,这里主要说说东隅的港头村。

古村概况

港头村位于花东镇，为典型的广府村落。村民有一户姓龙其余均姓曾。据族谱载，港头村的曾氏是孔子的学生曾参的后代。曾参的第五十一世后人曾晞尝被封东侯，南下入粤履职，于宋端平二年（1235）由江西吉安庐陵县造阳村先迁入"黄鹂响"（也称"黄泥薑"，今从化太平镇黄溪村），居住十多年后转杨荷村建居，不久入迁造迳村（今吉星村）。因不忘故土造阳，而三面环山的地形酷似"鱼迳"，于是各取一字，名为"造迳"。元至正十八年（1358），曾晞尝的玄孙曾文孙由造迳村迁港头定居，立村已有660年，现户籍人口约2000人。

港头村原名"港洲"，因大坑河、小坑河、四清河三道水从东北流往西南，在村前向北迂回汇合，再往南注入流溪河，形成一个港湾和一片绿洲，村立于港湾之上绿洲之中，故名。何时改为"港头"已无从考究。曾有风水先生说，此地三水朝北、四水归源，是一个"聚财"的风水格局，在此立村，族人必定昌炽寿富，瓜瓞绵绵。或许是误泄天机，或许是无心插柳，或许是一语成谶，果真造就了曾氏家族繁盛昌荣，置下南起广州三元里北至从化黎头洞的14万顷良田，成为花邑巨族，雄踞东隅；造就了镬耳高耸、青砖井然、长巷深深的庞大村落；造就了乡人盛传"东隅港头，西隅塱头"的美誉。

港头村坐北朝南，规划统一，布局严谨。村前有一口与村面等长的半月形水塘，镬耳高墙与天光云影在水中徘徊，风生水起，气蕴顿生；村东、村西各有门楼一座，分别叫"拱日楼"和"泰薰门"，守护着村民在此生息繁衍，可惜后者已在20世纪50年代被拆除。村中的建筑呈梳式布

港头古村

局，井然有序，每座建筑以冷巷分隔，现存里巷11条，自东而西取名为安乐里、安宁里、安和里、安仁里、仁和里、安怀里、中庸里、安善里、安义里、安福里、安居里，巷名隽永别致；一条花岗岩石板路贯穿全村，不知留下多少先辈的足迹；村头、村尾各有一棵数百年的老榕树，曾氏的祖训和家规就在树底下口口相传，代代承继。

拱日楼门楼

港头村拥有丰富的自然资源，有水田2000多亩、山林1700多亩、鱼塘400多亩，村落置身于郁翠无垠的农田中，数条清澈蜿蜒的河涌和一湾湾明镜似的鱼塘水氹点缀其中，周边被荔枝、龙眼、石榴、柑橙、木瓜等岭南水果所环抱，传统建筑与自然环境相互交融，相互辉映，尤显古意盎然，和谐清新。

古祠流芳

港头村的建筑占地约4万平方米，以建村始祖文孙曾公祠为中轴线，向东西两翼伸展，均为明清两代建筑。现保存完好的青砖古屋约80座，其中祠堂、书院、厅堂共6座，其余均为民居。村面的建筑体量较大，大多为祠堂、书院和厅堂，一般为三间三进或三间两进，十多座古屋在村面一字排开，肃然规整，颇具气势。村里的民居很有特色，著名的"八家祖屋"为首尾相连的"亲牢屋"，同时建造，布局一致，"三间两廊"结构，墙体为"金包银"（外皮青砖，内里泥砖），镬耳山墙，外观颇具气派，入住冬暖夏凉。港头村与西隅塱头村的村落环境颇为相似，有异曲同工之妙。

文孙曾公祠始建于明代，为纪念开村始祖曾文孙而建造。它在村里建筑中，无论从体量、装饰工艺还是保存状况均是最好的。一是体量大。它有三间三进，面阔18米，进深33.5米，建筑占地600多平方米。一般的祠堂，面宽大多为十三四米，而该祠的面宽却有18米，外观大气得体，内在

文孙曾公祠

宽敞明亮，处于村落中轴线上尤显突出。该祠前廊两次间设有塾台，这在本土祠堂中较为少见。塾台在官府建筑中起礼仪的作用，在民间祠堂是里长办公的地方，里长在此为村民写公文，左边台称私，右边台为塾，合称私塾。祠堂中设塾台，不仅拔高了其规格，又有装饰美化作用。二是工艺精。它用材精良，工艺精湛，所有金柱、梁架均为坤甸木。门额、檐柱、虾公梁、封檐板、梁架、雀替、挑头、墀头、博古脊等当眼的地方均施有木雕、砖雕、石雕、灰塑和壁画等工艺，饰以"群狮献瑞""花开富贵""福在眼前""满堂吉庆""衣锦荣归"等吉祥图案，赋予美好的寓意，显得富丽堂皇，琳琅满目。三是保存好。它在几年前得到了全面的修缮，村民按照"修旧如旧"的原则，拆除了头门、中堂檐口被封砌的砖墙，清洗壁画上的石灰水，填补了墙体后期开凿的窗口，重新给地面铺上阶砖，复原了供奉曾氏历代祖先的神楼，清理了周边的垃圾杂草，这座饱经风霜的古祠重新焕发出迷人的光彩。

目前，祠堂还在继续为村民服务，每逢新人结婚、小儿满月、老人做寿、传统节日、春秋二祭等等，村民纷纷进入祠堂拜祖先、摆喜酒、投（游）灯、舞狮子，熙熙攘攘，热闹非凡，好一个宗族大团聚大融和的繁荣景象。

家风承继

一个地区的文化和人才需要这方水土来滋养与孕育,一个家族的兴旺和繁盛要有良好的家风来培养与承继。曾参一生积极践行以仁孝为核心的儒家主张,他的修齐治平的政治观、省身慎独的修养观、以孝为本的孝道观影响中国两千多年,也成为曾氏修身齐家的传世法宝。

自"东侯祖"以来,曾氏就立下"孝悌忠信,礼义廉耻;三省诚身,道传一贯"的祖训和"孝亲悦心,尊师扶幼;世袭立嫡,承嗣立长。嫡宗不婚,子嗣敏聪;抚子继嗣,同宗择侄。招赘为嗣,宗圣脉混;淫邪乱伦,圣规则罚"的家规,世代传承着"希言公彦承,宏闻贞尚衍,兴毓传纪广,昭宪庆繁祥,令德维垂佑,钦绍念颢扬,鼎新开国运,克服振家声,裕文焕景瑞,永锡世绪昌"的字辈派号。祖训家规的恪守、字辈派号的遵从、良好家风的承继,曾氏在数百年来名声显赫,人才辈出。从宋朝至明代,该村历史上考取举人以上功名者有数十,任知县以上官员不下十人,明代达到鼎盛时期。

文孙曾公祠门前挂的一副门联"五代联科甲,一贯绍渊源",说的是曾氏一门五代考取功名的辉煌,很好地诠释了从造迳到港头村的钟灵毓秀,人杰地灵:

老人喜欢在祠堂下棋娱乐

第一代:曾晞尝,宋淳熙五年(1178)戊戌科进士,广西桂林府节度使、湖广兵部侍郎,奉诏监督湖广军务,授中宪大夫,封东侯,后人尊称"东侯祖";

第二代:曾

宋炜，宋淳祐四年（1244）甲辰科举人，福建福州府同知，授奉政大夫；

第三代：曾公靖，元大德四年（1300）庚子科举人，江西抚州府教谕，封文林郎；

第四代：曾挚，元至治元年（1321）辛酉科举人，广西桂林府临桂县知县、河南汝宁府罗山县知县，封文林郎；

第五代：曾文孙，元至正十一年（1351）辛卯科举人。

这个家族的官场盛况与几乎是同时代的西隅塱头黄皞家族的"七子五登科，父子两乡贤"十分相似。除此之外，村中还有其他族中兄弟也颇有作为：

曾隽，明洪武十七年（1384）甲子科举人，江西九江府同知，授奉政大夫；

曾贯，明嘉靖四年（1525）乙酉科举人，广西仰利州知州，授奉直大夫；

曾士楚，明嘉靖三十七年（1558）戊午科举人，隆庆五年（1571）辛未科进士，湖广道监察御史；

曾涞，明隆庆四年（1570）庚午科举人，北京来安县知县；

曾士懋，明万历十九年（1591）辛卯科举人，广西河池州知州；

曾士捷，明万历二十二年（1594）甲午科举人，浙江山阴县教谕；

曾起莘，明崇祯六年（1633）癸酉科举人……

正是这些先贤圣哲为当地创造了灿烂的文化，支撑起厚重的历史，成为激励后辈承前启后、奋发向上的精神动力。

保护发展

闻名遐迩的港头村，历经数次的政治劫难和几百年的风侵雨蚀，烙下了沧桑颓败的印记。直到2003年，花都以文物普查为契机，对古村落进行了全面普查，整理出全区古村落的档案资料，加强对古村落保护、传承和发展的宣传。港头村在全社会的共同关注和努力下，慢慢恢复了庐山真面，变得古意盎然，令人顾盼生辉。

2012年，港头村被省文联与省民协评定为广东省第三批古村落。2014年，被纳入广州市第二批美丽乡村建设单位，由市、区、镇三级财政出资4000万元，按照"宜居、宜业、宜游"的现代化新农村目标，对各项

充美港头

农村基础设施进行升级改造,村道实施硬底化,安装路灯350多盏,改善了生活污水排水渠,新建了小公园以及公厕……农村面貌焕然一新。同一年,被住建部、文化部、国家文物局、财政部、国土部、国家旅游局等联合公布为第三批中国传统村落,中央财政支持300万元,用于港头村的保护与发展。

港头村东连水口营村,南邻白云区龙岗村,西接华侨农场,北临吉星村,村前的流溪河过去是连接省城的主要水路运输要道,贯穿花都东西的花都大道在村北经过,从村子到广州白云机场仅需十分钟车程,水陆空交通十分便捷。目前,港头村正在编制村落保护与发展规划,拟与文化产业创意公司合作,对村中民宅进行修缮和改造,利用古村落资源及广袤的农田和山地,发展乡村文化创意旅游,打造成一个田园绿野、自然生态、种植饲养、度假消闲、寻觅书香、感受乡情的乡村文化旅游品牌。

曾氏始祖所推崇以"仁孝"为核心的儒家思想实质即是以人为本,因此,增进民生福祉是经济、社会、文化、生态等一切发展的终极目标。现在的港头村,每当夜幕降临,华灯初上,晚饭后的村民三三两两聚集在小公园里,唱粤曲、跳广场舞、耍太极、玩健身、健步行、拉家常……完全的随心、随性和随意,村民脸上洋溢着平和、快乐、满足与幸福。

我想,港头村的明天一定会更美好!

人民食堂的那些年那些事

《花都乡音》约写花东镇港头村的稿。港头村有中国第三批传统村落、广东省第三批古村落、广州市美丽乡村等许多名头,有"五代联科甲"的历史文化底蕴,还有"东隅港头,西隅塱头"的济美声誉。写什么还没确定,要看今天采访的情况了。昨天下了整晚的雨,一大早,天像被水洗过一般湛蓝湛蓝的,带着写作的任务,沐浴着清爽的晨风,迎着热情的朝阳,来到了闻名遐迩的港头村。

一进村子,感觉就像穿越了时空,映入眼帘的是一座座规肃而古朴的青砖镬耳老屋,一条条铺砌平整的里巷笔直而深远,村前一口半月形的水塘荡漾着灵动的气蕴,村头村尾各有一棵古榕撑起蔽日的华盖,塘基被荔枝、龙眼和石榴树所环抱,放眼是广袤无垠的农田,满目是青苍郁翠的景色。置身其中,仿佛回到了童年时代,嗅到这股熟悉的气息,心里顿觉无比的温暖。

目光在村东两座特别的建筑中停了下来。只见右侧一座的门面像南粤的骑楼又像西北的窑洞,后面却是很普通的瓦顶房;左侧一座本来是祠堂,但是头门改成了三层小楼,半新不旧地矗立在村面,像古代人穿上洋服,又像现代人着了唐装,显得尤为突出,尤为惹眼。走近细看,三层小楼的门额上用纸筋灰塑着"人民食堂"四个醒目的大字,字迹相当斑驳,部分已经剥落。旁边还挂着"文化室""农家书屋"和"老人活动中心"三块牌匾。走进文化室,这里已经聚集了一群老人家,他们或下象棋或打麻将,或看书报或玩Wifi上网,或唠家常或带儿孙,各得其乐,悠然自得。我们与几位老人家聊了起来,他们是本村的村民,对我们很热情很和善,说到"人民食堂"话题时,表现出异常的活跃,显得特别的激动,根本不像七老八十的年纪,话匣子就像决了堤的河水,滔滔不绝地从口中流出,仿佛压抑在心里几十年的东西一下子被释放出来。

公社化 齐共产

村民们说，从1958年开始，人民公社化运动席卷全国，县以下都成立了公社、大队和生产队，农民都成了"社员"。所有个人财产都"共了产"，家里不用开灶，都到生产队吃"大锅饭"去

人民公社食堂宣传画

了。于是，家里的铁锅、菜刀、铲子、勺子、斧头、铁锹、耙齿以及门锁等，都交到生产队炼钢铁了。反正以后都吃"大锅饭"了，都共产主义了，这些"架撑"（工具）也用不上了。那时治安好，真是"路不拾遗，夜不闭户"，不过家里也没什么东西可以给偷。全县中小学生停课三个月，上山找铁矿、烧炭，却因矿石含铁量低，又缺乏炼铁设备和技术，不仅炼不出铁，甚至连周边的山林都被砍光了。

这里原是一座祠堂，叫"绍文堂"，生产队把它改造成公共食堂，头门搭建成三层小楼，用作生产队的广播站，广播员天天喊口号："人民公社好""吃饭不要钱，老少尽开颜；劳动更积极，幸福万万年""饭热菜香多样化，饱食美味共同尝""高举总路线、大跃进、人民公社三面红旗奋勇前进"……到后来，天天吆喝"四类分子"去参加劳动改造，修桥补路洗屎坑，这些都是家常活了。这栋小楼比其他房子都高，声音传得老远，社员听得热情高涨，"四类分子"听到则胆战心寒，广播员进出这栋小楼显得十分威风。

祠堂里面被搭建成一个大通堂，摆上几十张八仙桌，社员们浩浩荡荡而来，吃饱了摸着肚皮，兴高采烈而去，吃饭就像去"饮"（喝喜酒），饭菜随意吃，吃不完就倒掉喂猪，社员们都过了一把共产主义的瘾。据当时统计，全县办起集体食堂有1180间。象山、港头、水口营、杨荷等大队的食堂，还让从化县到推广圩"趁圩"的一些群众免费就餐，以显示人民公社的优越性。刚开始，社员们相信只有"放开肚皮吃饭"，才能"鼓足干劲生产"，但一下子这么多人放开肚皮，这样的状况实行不久，食堂已经寅吃卯粮了。两个月后，只好按人定饭量，每人每天3两大米。由于吃

不饱,饭堂将米蒸两次,使饭粒含水分多而膨胀,叫做"双蒸饭"。再后来,采取"低指标,瓜菜代"的做法,粥水煮番薯、爆肚葛(木薯)、芋头,村里很多人因吃爆肚葛中毒了。到最后,社员们到处挖野菜充饥,崩大碗、狗肝菜、蚬壳菜、马齿苋、田基菊、地胆头、竹骨菜、鱼肠草、番薯藤、萝卜苗、香蕉梗、苦艾、辣蓼、糠饼……原来喂猪的全给人吃了,甚至草根树皮都通通咽进去,还是填不饱肚子,不少妇女患子宫下垂病,患营养性水肿病的更是比比皆是,那种境况真的好凄惨!

那个时代的人,能够活下来的就已是很幸运了。更为讽刺的是,食堂门口还贴了副对联:"人民即衣食父母;公社乃温馨家园。"横批是:"人民公社好。"

大跃进 斗大胆

"大饭堂"情景

村民们说,从1958到1961年,正值全国三年自然灾害,花县连续三年春旱秋涝,又有蝗灾,全县减产减收。苏联老大哥翻脸逼债,东三省的粮食全都还债去了,粮食要靠南方输送。这时,国家的底子已经很薄了。

"大跃进"运动为了迎合"三面红旗"的大形势,提出"鼓足干劲,力争上游,多快好省地建设社会主义",要"跑步进入共产主义",从最基层的生产队开始,上至大队、人民公社到县等,刮起了谎报粮食产量的浮夸风,"千斤粮,万斤薯""人有多大胆,地有多高产""肥猪赛大象,只是鼻子短;全村宰一头,足够吃半年""一个萝卜千斤重,两头毛驴拉不动""花生壳,圆又长,两头相隔十几丈,五百个人抬起来,我们坐上游东海""一天等于二十年,共产主义在眼前"……口号天天喊,大话处处吹,都以为粮食多到吃不完了,地里散落的水稻、番薯、芋头比比皆是,公共食堂的浪费现象极其严重。社员们活在孰真孰假、似梦非梦、患得患失的虚拟世界，个个像吃了兴奋剂，分不清方向，搞不懂对错，高举着"三面红旗"，兴高采烈地去吃"大锅饭"，飞奔共产主义去了。

上级每年都来生产队检查农业生产。记得有几次，队长叫社员把几片田的禾谷堆在一片田上，把柴草和棉被等放在粮仓底部再把粮食装满，挑着谷子从谷仓左边出来过磅然后又从右边返回谷仓再称，用欺骗手段谎报产量，以争抢表扬，夺取红旗。

那时候，各处都在大搞深翻改土，大攻"三类禾"，提高水稻产量，大力开展"广积肥，促生产"运动，高喊着"庄稼一枝花，全靠肥当家""积肥积得多，粮食堆成坡"等口号，通过养猪、烧火烧土、种紫云英、种田菁、放咸泥等办法积肥，甚至把各家各户放在房间门角的"便缸"（尿缸）都搬出来，把里面那层"积垢"刮下来当肥料。生产队为了要"咸泥"当肥料，还把多户人家有百年历史的泥砖房和舂墙屋拆掉。后来，生产队重新盖了东侧那座骑楼屋给拆了房子的社员，知青下乡时就住在里面。

割尾巴　用力斩

村民们说，20世纪50年代起，国家就认为社会主义改造已经完成，小农经济是资本主义的温床，所以要割他们的"资本主义尾巴"。那个年代，每个人都要小心把"尾巴"藏好，得"夹着尾巴"做人，要是一不小心把"尾巴"露出来，就会"嘎查"一声被"割"了。

生产队规定，每家每户限养鸡3只、鸭3只、鹅3只，至于瓜果蔬菜，虽然没有具体规定，但如果给工作队看出有"资本主义"苗头，就会毫不留情地被"割"。村民养猪养鸡养鸭等不能到圩市上卖，只能平价卖给食品站，否则就是投机倒把。有一年，村头四婶家辛苦一年多养了一头肉猪，由于是孤儿寡母，于是请叔伯帮忙把肉猪拉到食品站，一称才117斤，因与收购标准120斤还差三斤而被退了回来，四婶欲哭无泪，最后一恼火，叫人连猪带笼推进水塘里，让猪灌饱水，再拉回去称，这才算完成了任务。还有，村尾三婆家在猪栏旁边种了五棵南瓜，她家的南瓜可以长到二十多斤，一个瓜可以够全家吃上好几天了，这时瓜苗已经爬上屋顶，结出拳头般大小的南瓜仔了，结果被工作队看到，连根刨掉，三婆搂着瓜苗哭得死去活来。村东的五公家男人多，个个爱抽烟，于是在自留地里种了两行黄烟，结果也被当作尾巴斩了，倔强的小儿子拿着锄头要去跟工作队拼命，最后还是被五公拦住了。村西的七叔用穿了洞的旧锑盆种了几棵生姜，放在高高的厨廊屋顶，准备给她"新抱"（儿媳妇）"受月"（坐月子）用，结果被工作队用竹篙连盆带姜捅了下来。还有，曾二哥曾大姐早出晚归来回几十公里，到白沙田砍篱耕竹，到蛇头山割冈草，准备拿到推广圩卖，结果在半路上就被没收了……这样的例子太多，有些都记不清了，总之是不堪回首。

最后，村民们还讲了一些开心的往事。他们说，人民食堂的后堂还搭了个戏台，经常有粤剧团和宣传队来演出。看过粤剧《红花开遍凯旋门》《杜鹃山》《沙家浜》《红灯记》还有《山乡风云》等等，以前的"忠字舞"比现在的广场舞还火热，电影队也不时来放电影，《地道战》《地雷战》《南征北战》《平原游击队》还有《铁道游击队》等等，每一部都是"打穿幕"的，小孩子最喜欢看了，一大早就来霸占位置，食堂里非常的热闹。

…………

老人家讲的这些故事，作为六零后的我有些没经历过。听着他们滔滔不绝的叙述，听着他们慷慨激动的陈情，听着他们讲那些年轻人觉得不可思议的故事，心情特别的压抑、特别的沉重、特别的难受。我很奇怪，那些事已经过了五六十年了，他们怎么还记得那么清楚呢？我想，这就是"刻骨铭心"吧。不过，"人民食堂"那些年那些事已经成为历史，正如老人家所说的，"我们是捱过咸苦的人，做梦都想不到会有现在的好日子，真的要感谢党感谢政府，我们要驳长条命，开心快乐地叹世界！"

我决定写这篇关于"人民食堂"的稿，不是为了揭伤疤，不是为了翻旧账，不是为了否定过去，而是为了客观地对待过去尊重历史，为了珍惜来之不易的生活，为了努力开创美好的明天！

佛门泰斗　诗坛大家
——诗僧天然和尚传略

花东造迳村（现吉星村）与港头村的曾氏同出一脉，是孔子学生曾参的后代，为当地的豪门望族。曾氏先祖原籍江西吉安庐陵造阳村，南宋时因封"东侯"而入粤，定居造迳，后文孙房拓居港头。数百年间，曾氏在当地名声显赫，人才辈出，乡间盛传"五代联科甲"的美誉，历史上考取举人以上功名者不下数十，其中以天然和尚为最著。他创立海幢、海云、丹霞别传等诸名刹，被誉为南粤的"法门砥柱"，是岭南佛教史上除唐代禅宗六祖惠能之外无人能及的领袖式人物；他也是一位被公认的书坛巨擘，为清初"岭南三大诗僧"之一，"以书悟禅"、"以禅入书"，融佛理于书法中，天然裁成，超凡脱俗。

追禅遁佛弃功名

　　天然和尚，俗名曾起莘，字丽中，法号函昰，别号天然。曾起莘是造迳村曾氏第六十五世（始祖曾晞尝为五十一世）嗣孙，出生于明万历三十六年（1608）十月十四日，博学聪明，少负才名，明天启四年（1624）17岁得补诸生，自是踌躇满志，志在精研世典，克成通儒。经常与乡里才子文士以文相会，大家纵谈世务，意气相投，时相唱和，诗才为众所佩服。

天然禅师画像

　　崇祯六年（1633）26岁便考取癸酉科举人，成为一名孝廉，乡人尊称为"老爷"，意味着从此可以入仕为官。但是，此时朝廷已岌岌可危，曾起莘的内心已悄然发生了变化，他感于社会的黑暗、战乱的频繁、时局的动荡，无意仕途，认为就算是中了状元，也不过如此而已，并没有什么特别的不同。因此，在放榜之日，家中为他大摆宴席，宾客盈门，他对此却无动于衷，反而有了出家遁世的念头，开始对佛教心存向往。次年，他参加甲戌科考试不第，本已淡泊功名富贵，更彻底断了功名利禄之念。归途中，他卧病于吉安金牛寺，药石无方。他许愿如果痊愈，一定出家学佛。当晚，他夜感异梦，汗透重襟，病痛居然不治而愈。还家后便断欲绝荤，专心钻研佛典。过了两年，专诚到江西庐山拜谒道独和尚，学道问法。

　　崇祯十二年（1639），家人一再催促曾起莘上京参加己卯科会试。乡人勉励他"此行当得官帽归"，曾起莘一哂说："帽子倒有一顶，只恐不是乌纱。"他此时已决心出家，如期乘舟北上，打听到道独移锡庐山归宗寺，遂上山求祝发为僧。翌年，随道独迁往罗浮山华首台寺，潜心禅修，成为曹洞宗三十四传法嗣。道独根据曹洞宗僧名"道函今古传心法"的法脉顺序，为曾起莘取法名函昰，别号天然和尚，时年33岁。从此，天然和尚开始了他长达40多年的僧侣生涯。

开堂说法延宗脉

天然和尚于康熙二十四年（1685）八月廿七日圆寂于海云寺，终年78岁。在这40多年的僧侣生涯中，无论外部环境如何动荡，均能自持古道，开堂讲佛，著书立说，一生致力于弘扬佛法。由于天然和尚以丰盈的文士特质入于佛门，学养深厚，研修有得，门风清峻，因此在民间影响很大，追随者众，门徒达四千之多，为明清岭南佛教发展繁荣做出了极大的贡献。

崇祯十五年（1642），天然和尚从罗浮山华首台寺回乡省亲，被缙绅名流陈子壮等邀请，在著名古刹光孝寺说法讲佛，这是他首开法堂。他在诃林应机施教，如洪钟待扣，宗风丕振，道声远播，声誉日隆。道独特命徒弟函可持送佛子并传佛偈，有"诃林重竖风幡论，却幸吾宗代有人"句。自此之后，天然和尚云游四海，入福州、转金陵、归庐山以及广东白云、雷峰、华首、丹霞、鼎湖、西樵等诸山，都多有开讲。每处开讲，各集有《语录》，门人将诸种讲说汇集成十二卷《天然禅师语录》，被学者奉为津筏。

朝廷易主，那些不甘屈服于异族入侵者统治的明遗民，或自杀殉国，或隐迹山林，或逃禅避世。由于天然和尚是一位"故国派"高僧，虽处方外，仍忠孝廉洁，心悲尘刹，因而国变后，那些故国缙绅遗老纷纷皈依其下；又因其处世倔强，风骨铮铮，颇受因国变而失落的志士们所崇敬，因而大批抗清退隐的才俊志士投身其中，可谓"十年王谢半为僧"，佛门净地成为明遗民和志士们安身立命的皈依之所，足见天然和尚之德高望重。面对佛教宗门良莠不齐、流弊泛滥的状况，天然和尚极力倡导清净高尚的丛林风貌，树立庄重严肃的僧伽形象。他的弟子最著者为十名"今"字辈的法嗣，他们分别在广州、番禺、鼎湖、潮州、丹霞、福州、金陵和庐山各大寺院住持与弘法。天然和尚出家不久，他的父母、妻、子、妹、媳全家亦受其影响，先后皈依佛门成了僧尼。

天然和尚成为众多明遗民的庇护者、引导者，被他们奉为精神领袖，他的门徒人数之多、素质之高、著作之繁兴、影响之深广，在岭南佛教史上是空前的。

光孝寺

创寺立院壮根基

寺院是僧人安身立命、潜心修道、弘扬佛法的处所，其丛林的构筑与佛教的繁盛息息相关。清初，以天然和尚为核心，以海云寺为基地，以他"今"字辈的弟子为骨干，开枝散叶，曹洞宗的寺院如雨后春笋，生机勃勃。广州光孝寺、海云寺、海幢寺、无着庵，东莞的芥庵，罗浮山的华首台寺，仁化丹霞别传寺，福州长庆寺，江西庐山的归宗寺、栖贤寺等，都是清代颇负盛名的寺院。

明崇祯十五年（1642），天然和尚住持光孝寺，发起重修殿宇，修兴古迹。清顺治六年（1649），再住光孝寺，开法诃林，重建堂楼。顺治十年（1653），天然和尚入主庐山栖贤寺，鼎新寺宇，重肃寺规，五年后，古刹面貌一新，于是功成身退，回住罗浮山华首台寺。随后，改住广州海云寺、海幢寺、丹霞别传寺等处，诸名刹蒙天然和尚承主其成或扩大规模，丛林巍峨，香火旺盛，声名远播。

海幢寺

顺治七年（1650），天然和尚决心在海云寺安身。海云寺的前身是隆兴寺，又名金瓯寺或雷峰寺。顺治五年（1648），天然和尚被恭请至隆兴寺作开山第一祖，原住持尊天然和尚为师，取法名今湛。由于今湛这个决定，令默默无闻的隆兴寺在十年后成为名闻岭南的大寺。因隆兴寺房舍狭小，今湛发愿募捐扩建，经过十年努力，大雄宝殿及其他建构先后落成，正式改名为海云寺。天然和尚把方丈室命名为"瞎堂"。此后数百年，海云寺香客络绎，香火旺盛，成为岭南名刹，被誉为粤中四大丛林之一。

天然和尚的十名"今"字辈弟子不负所托，均成大器：今无，海幢寺住持；今觊，住持庐山栖贤寺、福州长庆寺；今摩，天然和尚之子，颖悟脱俗，隐庐山修炼三十余年；今释，丹霞别传寺监院、住持；今壁，雷峰寺首座；今辩，曾主丹霞别传、海云、海幢诸寺；今龟，历主栖贤、丹霞、海幢诸寺；今遇，主丹霞别传寺十余年；今但，主罗浮山华首台寺；今摄，雷峰海云寺监院。后人将他们称之为"雷峰十今"（又名"海云十今"）。

值得一提的是，天然和尚之妹出家取法名今再，法字来机，心性纯贞，励志苦行，聪睿明智，庄严接法于天然和尚，成为罗浮山华首台曹洞宗三十五代禅师，于康熙六年(1697)在广州创建了一所比丘尼道场"无着庵"。无着庵建造历时十一年完成，原名为"无着地"，牌匾由天然和尚题，盖取清静无染着之意。

亦儒亦禅见诗书

在改朝换代、异族入主中原的时刻，那些为保存民族气节、不愿归附臣服的文人才俊、贤士名流，选择了披上袈裟削发出家，徜徉于山林丘壑，吟咏歌啸，把幽深禅趣、缅怀故国、悲悯民生、操守节义的感情尽情抒发于诗歌之中，形成了一个规模庞大的诗僧群。其中，天然和尚和他创立的"海云诗派"最具代表。

天然和尚及其弟子虽寄情山水，但目睹时艰，难免心潮激荡，因此常常借唱和诗词，抒发胸臆，写出许多深刻感人的优秀诗篇。由于境遇大体相同，写作题材相近，感情与风格也比较相似，学者称他们为"海云诗派"，在清初岭南诗坛上占有相当重要的地位。

天然和尚披剃出家，置身方外，似乎是看破世缘，参透禅机，但从他《送渐侍者归省》诗中已窥出他内心苦衷的端倪：

　　怅望湖州未敢归，故园杨柳欲依依。
　　忍看国破先离俗，但道亲存便返扉。
　　万里飘蓬双布屦，十年回首一僧衣。
　　悲欢话尽寒山在，残雪孤峰望晚晖。

天然和尚虽身在佛门，却无法六根清净，形势的发展不容他超然地看待人世间的事物。清兵入关，战火南移，天然和尚先后举家避祸白云山、西樵山和海云寺。他每每听到友人殉节尽忠的消息，常常情不自禁地为他们的死难而痛苦，赋诗以祭。南京破，黄端伯死节，他把旧友称之为"品性文章第一人"，写下"博得浮名答旧因"句。徽州破，金声死节，他直抒悲痛地写道"头目脑髓君堪舍，山河日月泪难干！"广州破，梁朝钟、霍子衡父子均死节，义愤所激，挥泪写下出自肺腑的两首深表同情、无限哀悼的五言诗《霍觉商父子四人死难》：

> 生平多慷慨，死国在儒林。
> 父子情偏重，君臣义独深。
> 碧潭今日事，明月古人心。
> 俯仰堪谁语，一堂玄对森。
> 兴明千古节，就义且从容。
> 生死去来际，衣冠谈笑终。
> 草堂云漠漠，寒夜雨溶溶。
> 一片情孤绝，相期入碧峰。

顺治四年（1647），"广东三忠"陈邦彦、陈子壮、张家玉等以义兵败死难，他更是痛切肝肠，以诗为悼：

> 秩宗首义车先裂，文苑连营阵亦亡。
> 万古江山皆易立，一朝簪绂自从王。

天然和尚的弟子今辩写他的行状："硬冷之性，壁立万仞，莫可仰扳……虽处方外，仍以忠孝廉洁垂示及门"。他虽视富贵功名如幻影，但时刻以节砥砺自省，这正是天然和尚其人其诗血性的显现之处。晚年的天然和尚，阅尽人间沧桑变化，仍存保持晚节之心。康熙二十年（1681），写下《辛酉元夜吟》，可见其心志：

> 世上真如梦，兴来闲一吟。
> 明灯过午夜，独坐拥寒襟。
> 大泽龙蛇蛰，高峰霜雪深。
> 崚阳有孤木，囊下亦成音。

在海云一脉的这批僧人和文士之中，有不少书法造诣颇深的书家。以天然和尚为核心，他门下有六十诗僧相与唱酬，有他的"十今"法嗣，还有著名的"岭南三大家"屈大均、陈恭尹、梁佩兰等等，这批书家，后人称为"海云书派"。

天然和尚能够为明清广东佛教有所作为，实因其学养深厚及信念坚定，有慧根有教行，从而得悟宗旨；熟稔内外典及宗门公案掌故，使其讲说能得上下诸众之喜闻；既有清净高远气质，又有广结善缘能力，构成德高望重之一代高僧的气象。天然和尚遗著有《瞎堂诗集》《名刹语录》《楞伽心印》《禅醉焚草》等。清"粤东三子"之首张维屏的《天然和尚像赞》评价他：

> 是明遗老，是名孝廉，是二是一，亦儒亦禅。
> 六祖五派，其一曹洞，师阐宗风，法徒最众。
> 师貌在像，师心在诗，欲见师乎，於诗见之。

蓝田村

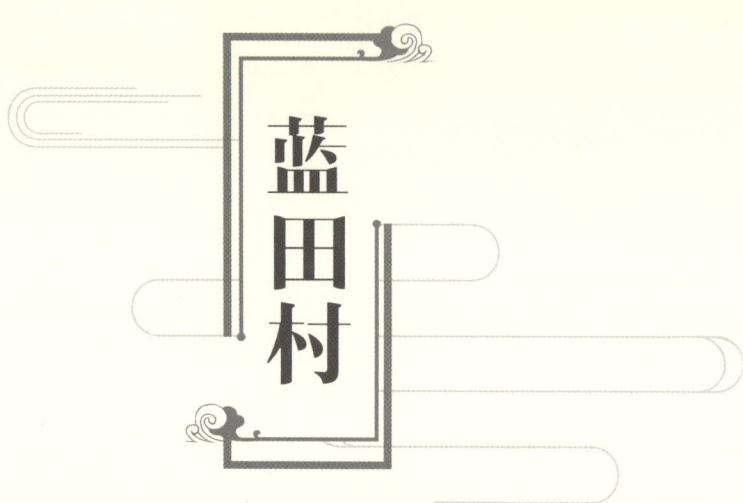

赤坭蓝田堪种玉

蓝田村位于赤坭镇西南部，东邻荷塘、荷溪村，南靠炭步镇，西连鲤塘、松岗村，北接白坭村。该村地处偏僻，周边群山拥抱，巴江河环绕，平整规肃的古村落掩映在青山绿水间，显得古朴和谐，景色秀美。该村零星分散，诸姓杂居，村民和平共处，守望相助，甚少纷争。该村自然资源丰富，山地丘陵、平原沼泽、河流湖泊等地貌兼而有之，土地面积15.6平方公里，其中耕地4200多亩、鱼塘3000多亩、花木2400多亩、山林1万多亩，农林牧副渔多样发展。

说到"蓝田"，人们常与"蓝田种玉"的典故联系在一起，伯雍在蓝田种玉，缔结良缘。因此，人们将"蓝田种玉"比喻获得美好姻缘或美好生活，也引申为名门出贤才或称地方人杰地灵。此"蓝田"是否彼"蓝田"呢？让我们走进村子，看看勤劳的村民是如何在蓝田创造出美好生活的。

村名由来

蓝田,本来是一个自然村。1983年,由蓝田、新村、中洞三个自然村合并为一个行政村,因蓝田是村委会的驻地,因此行政村也称"蓝田"。其实,蓝田村有周、文、陈、李、梁、程、罗、廖、朱、凌、刁、黄、彭、卢、曾、温、谢、冯、黎、吴、杨等20多个姓,每个姓氏人口都不多,因而村落很分散,下辖的除了新村、蓝田、中洞外,还有石九、大房、晚房、牛窿、城地、元岭仔、石湾头、刁屋、黎屋、谢屋、黄屋、吴屋、杨屋、彭屋等近20个小村子,散落在中洞山麓及巴江河边。

蓝田,地势低洼,排水不便,土壤长期受冷水浸泡,是一片禾苗难长的阴、冷、锈、烂田,村人直呼为"烂田",后取其谐音为"蓝田",意境竟然有天壤之别。中洞,因村落在中洞山西侧而得名。新村,因赵姓村民最先由外地迁此立村,取名"赵新溪村",后赵姓人少,其他姓氏的村民陆续到此,去"赵溪"而成"新村"。石九,因村子附近有山石似狗状,粤语"狗""九"谐音而得名。大房,因族房头分家,长子分居此处而得名。晚房,因族群分拆房头,建村较迟而得名。牛窿,因村子后山有一狭长石罅,形成天然山洞,牛娃上山放牛常在此休憩而得名。城地,因村子建于山麓并砌墙围绕,状如城池而得名。元岭仔,因村舍靠近圆形小山丘而得名。石湾头,因靠近巴江河拐弯处,水退有巨石露出而得名。黎屋、刁屋、谢屋、黄屋、吴屋、杨屋、彭屋和曾屋等,都是因为村民的姓氏而得名。

由于蓝田村落分散、诸姓杂居,有些村子只有几户人,于是大家便都自称为蓝田人。

优美环境

蓝田村,位于赤坭海拔第二高的中洞山麓,周边山林拥翠,四季时花竞放,一派姹紫嫣红好景象;蓝田村,位于花都西隅最长的巴江河畔,宽阔的河水蜿蜒灵动,烟雨空濛中莺鹭齐飞,两岸美景尽收眼底。

中洞山界于赤坭、炭步两镇,东自巴江西岸的双对岗,西至莲塘官坑村,南达炭步镇大涡村,连接佛山三水,连绵8公里,海拔337米,山顶有一块篮球场般大的坪地,山下的山沟筑成五六个山塘水库。中洞山南坡陡

九曲河美景

峭,名为"跌死猫",山下是炭步镇藏书院村;北坡平缓,山林茂密,植被保护好,山下就是蓝田中洞村。每逢春夏之间,无数的白鹭飞临山中,游弋嬉戏,繁衍生息,到处是白鹭翩翩的身影,场面蔚为壮观。

巴江河,起源于三水芦苞,向南流经长岐,再折向北进入赤坭,经莲塘、门口坑、鲤塘等村,至白坭村,这一段河道多湾,故名"九曲河"。之后,再向东经新村、蓝田、黄沙塘、横沙等村和赤坭圩,出双对岗,流入炭步镇。莲塘村在九曲河的上游,蓝田村则在九曲河的下游,九曲迂回到此后变得平缓顺畅,在蓝田村回望九曲河是最美的,因此,蓝田村又有"九曲画廊"的美称。

在中洞山的孕育和巴江水的浇灌下,蓝田村自然资源得天独厚,为勤劳的蓝田村人提供了宝贵的财富。

古老新村

蓝田村众多的自然村中,要数"新村"年代最久远、规模最宏大、规划最齐整、保护最完好、环境最优美,2015年被评为第四批广东省古村落。

新村,原名为"赵新溪村",为赵姓人开村,之后有周、文、陈、李、梁、程、罗、廖等姓氏陆续迁来。后由于赵姓人数较少,村名便由赵新溪村改为"新村"。多个姓氏在此和睦相处,安居乐业,立村已经有500多年。

新村是典型的广府民居布局,坐西朝东,平面布局呈梳式,建筑之间由冷巷间隔,平整规肃,古意盎然。新村西高东低,依山临水,村前是宽敞的地坪及一口半月形水塘，再前是大片低洼的"窝田"，与村落宜居于水的"蟹形"格局相合，村后是绵延起伏的十八岭，迎合了"面临湖水为镜，背靠青山作屏"的风水格局。

新村南北两端陈姓和李姓的两座祠堂为村的主要建筑，两祠中间为10列民居及家塾等建筑，各列民居单体建筑前后相连，各以冷巷间隔，整齐划一，有古民居约100座，与祠堂构成一组规模庞大的建筑群。冷巷均有门楼，上署巷名，从南到北分别为安和里、安宁里、仁厚里、仁和里、中和里、德和里、福和里、兴和里、居仁里等。

每到新春佳节，这里都会举办丰富多彩的民俗活动，有舞狮、聚福、投灯、游灯等活动。元宵过后，村前百亩油菜花争相竞放，这里将举办每年一届的油菜花节，在无垠的金黄色油菜花和九曲蜿蜒的巴江河映衬下，新村变得更加春意盎然，古朴迷人。

苦难过去

花都（原花县）因地处华南大都市广州的北沿，扼进出粤北及粤汉铁路全线要冲，是过去军阀混战必争之地。因此，花都在被日寇入侵、局部占领以至全部占领的过程中，给人民带来了极其深重的灾难，铁蹄所至，人命草菅，庐舍为墟，人民陷于血海之中。日寇曾把蓝田中洞村作为大本营，在这里犯下令人发指的"牛窟惨案"，现在年纪大的村民提起仍瞋目切齿。

据《花县志》《赤坭镇志》及蓝田村民的回忆，1938年10月，广州沦陷，花县政府迁至赤坭国泰塱厦村。11月15日起，日寇先后侵扰赤坭、白坭、国泰、莲塘、田心等地，沿途烧杀掳掠，白坭、国泰圩被毁房屋过半，赤坭圩只剩商铺一间。日寇还逼迫蓝田新村的村民用船把白坭圩倒塌房屋的砖石运回蓝田，在村后十八岭上建碉堡，现在，岭上碉堡遗迹仍然存在。1941年秋，日寇由南海经炭步大涡北上扫荡，在中洞山下遭游击队伏击，日寇逃窜前在中洞山下射死无辜百姓30多人。1942年，日寇把广州外围封锁线扩展到赤坭、皇母、打鼓岭、中洞、新村、白坭大脚岭、鲤塘等村，封锁线严禁群众出入。日寇把大本营设在中洞村的芙蓉仙院，并在这里构筑碉堡、战壕等工事，烧杀奸掳，无恶不作，美丽宁静的蓝田村顿时成为人间地狱。

在日寇将要撤出大本营之时，他们对邻近乡村进行大扫荡，"牛窟"

的村民躲进了山上"水底坑"内一条石罅中,这条石罅其实是一个狭长的山洞,非常隐蔽,能藏数百人,平时放牛娃经常把牛牵到这里休憩。日寇在山上搜索时并没结果,后来由于犬吠小孩惊吓而哭才被发现,于是被日寇用手榴弹轰炸和用机关枪扫射,可怜洞里的村民全部罹难,后来人们把这条石罅称作"万人坑"。现在五六十岁的村民在学生时代都曾到过"万人坑"接受爱国主义教育。

美好前景

面对当前有些地区不可持续的经济发展模式,蓝田村人并没有舍本逐末,而是充分利用自然资源优势,大力发展农业科学耕种、花卉苗木种植、渔业家禽养殖,重点发展生态观光乡村旅游产业,呈现出美好的发展前景。

蓝田村藉省市创建生态农业、文明乡村、美丽乡村、河岸整治和新农村示范单位之机,以发展生态观光乡村旅游为龙头,利用新村前面百亩农田,在休耕期间种植油菜花,待到油菜花开时

蓝田村获省级古村落揭牌仪式

节,连续三年举办了"九曲画廊·拥抱春天"开耕节暨油菜花节,配合多媒体的宣传,吸引了珠三角地区众多市民前来踏青赏花游古村,形成了较好的品牌效应。在此基础上,志惠生态旅游小镇应运而生,由最初种植绿化苗木转为观赏花卉苗木,由农场转型为生态旅游小镇,一步一个脚印,一年一个台阶,最终实现蜕变,成为集高效生态农业、果木种植展示、生态观光度假、都市休闲养生于一体的多元化现代农业结合体,打造出"四季花海"和"九曲画廊"等赤坭品牌。

近几年,在全体村民的共同努力下,蓝田村取得了可喜的成绩,2014年被评为花都区生态农业示范园,2015年被评为第四批广东省古村落,2016年被评为广州市第十批文明示范村、广州市第三批美丽乡村,并与鲤塘、莲塘三个村被评为广东省新农村示范片。

花为媒　引客来
——志惠农场闯出乡村旅游一片天

2017年国庆中秋双节，蓝田村"志惠农场"特色小镇开园试业，古雅宁静的蓝田村变得热火朝天。据统计，农场在国庆中秋假期，共接待游客1.5万人次，创收12万元，迎来了开门红。

荒山变百花园

2001年，蓝田村下岗工人宋惠途回到家乡，闲暇之余常在村前村后溜达，一向果敢决断的她对着周边的山岭发呆。一天，她做出一个大胆的决定，与丈夫商量后承包了村里金星岭850多亩的荒山地。他们对园区进行科学的规划，分区域种植经济林、绿化树和花卉苗木，经过几年的植被造林，原来的荒山变成一个品种丰富、布局合理的生态农场。农场种植花木和绿化树500多亩，有山松、罗汉松、杜英、紫荆、蓝花楹、盘架子和檀香等，种植经济林近150亩。2006年，宋惠途各取丈夫与自己姓名中的一个字，注册成立"志惠农场"。

2007年，志惠农场调整种植结构，引进了彩色花生新品种"黑花生"的种植。黑花生富含硒、铁、锌等微量元素和黑色素，其中硒含量比红衣花生高101%，因此也称为"富硒黑花生"。黑花生试种成功，深受人们的喜爱。志惠农场为更好地开拓该产品，采取"公司+基地+农户"的模式运作，扩大种植规模至350亩，年销售额达120万元，发展35个农户走上种植黑花生的创业道路，带动就近农村劳动力180多人转移就业。2015年，黑花生被评为花都区十大手信。

一路走来，宋惠途获得全国农村"双学双比"女能手、广州市劳动模范、广州市"三八"红旗手、花都区第三届十大杰出青年、花都区第十三届至十五届人大代表等众多荣誉，志惠农场被评为广东省、广州市巾帼创业示范基地、广州市创业孵化园基地。

创新发展模式

随着城市化进程的加快，市民走进乡村寻找乡愁感受乡情的愿望愈加迫切，乡村旅游已成为旅游业的新热潮。

有一次，宋惠途在百花盛放的园区闲坐，看到无数蜂蝶围着花儿穿梭飞舞。她突然开窍了，敏锐地觉察到这是一个商机，花儿能招徕蜂蝶飞来采蜜，农场以花为媒可以吸引游客前来观赏。于是，她决定转型，从种植绿化苗木转为观赏花卉苗木。2013年，志惠农场共种植了900多亩宫粉紫荆、角茎野牡丹、大叶紫薇、蓝花楹、格桑花、黄花风铃和油菜花等观赏花木，营造出一个姹紫嫣红的花花世界，确保一年四季鲜花不断。尤其是春天，近百亩的油菜花把大地染成金黄，这里成了市民踏青赏花的好去处，从元宵之后持续一个月，田间挤满的都是赏花之人。

2016年底，"志惠餐厅"在农场园区内开张，招牌菜就是吃野牡丹和紫荆花长大的走地鸡，冠名为"牡丹鸡""紫荆鸡"，有山塘养殖的瘦身鲩鱼，有黑花生焖猪手、凤爪和牛蹄等，还有农场培植的白花菜、灵芝菜、蒲公英、人参菜等多种野生菜，餐厅开张以来生意红火，每天食客如云。

经过三年多的培育，志惠农场作为一种新型的农业科普、休闲观光和生态旅游业态已初步形成，园内百花齐放，万紫千红，随时迎接游客们的到来。

转型迎开门红

蓝田村的金秋，天高云淡，气爽风清。2017年9月28日，"志惠生态小镇"隆重对外开放，开园典礼上，农场借鲜花为媒，以歌舞会友，踏上了发展乡村旅游的新征程。

小镇依托志惠农场，突出"生态赤坭 美丽赤坭"主题，以特色生态旅游+的模式，共投入5000多万元将占地面积1000多亩的园区，打造成集农耕文化、科普教育与拓展训练、机动游乐、湿地公园、农家动物、国防军事、民俗文化、四季花海、旱地滑雪和农家美食等十大主题园区。园区的千亩花田百花竞放，构成一个姹紫嫣红的花世界，市民在十大园区与大自然来一个亲密接触，能够欣赏到森林山脉、湖泊湿地、四季花海、奇瓜异果、动物小家和民俗风情，能够体验到科普拓展、军事野战、野炊烧烤、沙滩越野和农耕乐趣，能够挑战镜子迷宫的玄奥、恐龙谷的惊悚和旱地滑雪的刺激，能够在志惠餐厅大快朵颐一顿农家饭菜。

志惠生态小镇取得了预期的效果，迎来了开园的开门红。农场负责人宋惠途表示，这里发展乡村旅游的路子才刚刚起步，乡村旅游随时出现新的业态，农场要与时俱进，跟上时代的步伐，继续秉承绿色生态发展理念，精心打造文化、科普、教育、娱乐、体验、拓展、特色饮食的旅游观光综合体，成为推动地方社会经济发展的一个优势产业和对外宣传赤坭形象的一张靓丽名片。

一座贞节牌坊 一首哀怨悲歌
——蓝田村节孝流芳牌坊的启示

牌坊，是过去朝廷为表彰功勋、德政、科第以及忠孝节义所立的一种纪念碑式建筑，一般由皇帝下旨而建造，因此被视为家族的骄傲和地方的荣光。然而，有一种牌坊，名为"贞节"，要以妇女的一生幸福来换取。蓝田村就有一座这样的牌坊，称"节孝流芳"。让我们走近蓝田村，去了解牌坊背后的故事。

"节孝流芳"牌坊

在蓝田村谢屋自然村的村面,有一座"三间两廊"式房子,名为"简摩精舍"。这座房子跟村里其他普通的民房似乎没什么两样,但细看之下却是很不普通。其独特之处一是它是一所"精舍",即僧道、玄士、儒生等修行者修炼居住之所,当地人称之为"厅堂",里面供奉观音、北帝、天后、财神、土地的牌位;二是这座房子有座牌坊,名为"节孝流芳",竟然建在精舍的前看墙上。

简摩精舍

"节孝"之意为贞节和孝顺,指妇女为亡夫守节、孝顺翁姑。该牌坊为旌表谢黄氏而建,为三间四柱三楼,宽4.6米、高4.9米。四柱均以青砖砌成半边六角形,为假柱。明间上嵌石额书"节孝流芳",石额之上书"圣旨"。左次间石额书"奉旨旌表谢母黄大孺人",右次间石额书"咸丰三年癸丑(1853)季冬谷旦立"。三个拱门均为在青砖墙上砌出的假门。牌坊左右尚留有部分看墙,墙上灰塑花鸟、瑞兽,工艺精致。

妇女守节一般有三种情况:一是订婚以后明知未婚夫已死,仍要嫁过男家,嫁的只是一块木灵牌,称为"守望门寡"。二是未婚夫外出谋生,家中父母为其娶妻,用生鸡代替新郎拜堂和洞房,婚后丈夫在外死亡或另娶,也不得再嫁。三是婚后丈夫死亡亦要"从一而终",永不再嫁。

据民国版《花县志·人物志》载:"谢然妻,黄氏,蓝田人,廿一岁守寡,守节六十五年。"这就是"节孝流芳"牌坊主人,没人知道她的名字,只知道她是"谢黄氏",地方志虽然没给她立传,但起码为她留下这两行字。试想,她每天独对孤灯,从花样年华到形容枯槁,这六十五年是如何熬过来的呢?

《花县志》节妇的记载

民国版《花县志·人物志》序言载,节妇烈女须"励节捐躯"才能入

"列女传","与烈丈夫并馨典策"。志乘中专门设有"列女传",用较长篇幅记述县内忠贞守节的烈女名录及其守贞事迹。据统计,"列女传·节孝表"列举"节妇烈女"共321名,在县城的节孝祠安祀,并为刘李氏、宋杨氏、宋王氏等9名节妇烈女立传。她们中有出身于官宦之家、豪门巨族,也有书香门第、蓬门荜户,家庭背景虽不相同,而相似的是她们大多二十岁左右,丈夫即亡故。我们通过三则事例来去感受她们守节的凄楚和悲酸。

〇刘李氏姑媳同贞。刘李氏,何岭堡人(建县前属番禺县),生子李浩刚满月丈夫即去世。刘氏矢志自守,侍奉姑姑抚养幼孤,艰难度日。李浩长大后在村塾当塾师,由于家贫失怙,三十岁还没娶亲。里人欧阳光赏识李浩孝行,把女儿嫁给了他。结婚不久,李浩突然离世。欧阳氏亦竭诚守贞尽孝,侍姑终老。隆庆五年(1571),李门被旌表为节孝之门。

〇宋杨氏新婚即寡。宋杨氏,佳锦山人,为台东直隶州知州宋维钊的妾侍,娘家为福建人,十七岁出嫁时丈夫已经58岁,五个月后成了寡妇。家乡人怜其年少又无所出,闽粤相隔数千里,一去无踪,于是使老妇劝她另嫁他人,免误终身。节妇以死自誓,立志贞守,与子侄扶柩回乡,侍姑终老,抚养丈夫的幼子宋士台。宋杨氏27岁便郁郁而终,"多病时吐清水,此其苦节自励,肠断胃弱所致",结束了悲情的一生。

〇宋王氏未婚守节。宋王氏,佳锦山人,是宋绍唐未过门的妻子。娘家为九湖乡人,父亲因家贫把年仅9岁的她许配给年仅8岁的丈夫,当时并没有完婚。四年后,宋绍唐病逝。及笄后,宋王氏矢志守节,与姑钟氏共寝一室,寡居55岁而终。

旧时,男人可以三妻四妾,而对女人却要求做到"三从四德""饿死事小失节事大""好女不嫁二夫",当时人的寿命并不算长,在这样的社

会背景下，难怪有这么多节妇。节妇牺牲一生的幸福，纵然有幸获得一座贞节牌坊，但是她们承受的人间苦难是常人难以想象的。

数钱撒豆的故事

节妇顶着"贞节"的光环，一言一行受族亲家长制约，一举一动受家长里短评论。在传统礼教束缚下，我们对节妇的生活来源、财产纷争、人前是非、背后中伤及各种欺凌和诱惑暂且不究，只想知道她们是如何度过寂寥孤独的长夜、熬过漫长清苦的一生。以下三个故事值得我们去深思。

○数钱度长夜。清《志异续编》载，某节妇，少年矢志守节，每天晚上家人总听到铜钱掉地的声音，天亮后地上并不见钱。后节妇年寿已高，临终时从枕畔取出百枚"光亮如镜"的铜钱对儿媳说，这就是助我一生守节的宝贝。原来，她每于夜间熄灯后，将百枚铜钱撒于地上，一枚一枚地摸索寻找，数着铜钱数目，直到全部找到，自己已身心疲惫，这才上床休息。这位节妇，用这种方法打发漫漫长夜，是何等的无奈。

○绣像过日辰。清《冷庐杂识》载，金姓女子，许配同乡黄氏，未婚而夫死。金氏奔丧，入夫家守节，除抚育嗣子孝敬翁姑外，其余时间全部用于绣罗汉像，历经十余寒暑绣成五百罗汉像，赠与西湖昭庆寺。时人称赞金氏"苦心坚操，弥足重也"。岂不知，金氏清灯孤守，借此聊以度日，内心必是十分凄苦。

○撒豆待天明。有一节妇，成亲不久丈夫便去世，她矢志守贞，一守就是30年，还成为当地操守贞节的典范，得到朝廷恩赐建贞节牌坊。节妇的苦只有自己知，她的床头放着一个小罐子，里面全是又干又瘪的豆子。这些年，节妇就是靠这罐豆子熬过来的，每当夜晚孤独难熬，便撒豆于地，捡起，再撒，直至天明。节妇用一生的孤寂换来了贞节牌坊。

一座贞节牌坊，一首哀怨悲歌。仰视节孝流芳牌坊，它虽然经历160多年的风侵雨蚀，仍然以严肃凝重的姿态呈现在世人面前，"节孝流芳""圣旨"等褒奖溢美之字清晰可辨。然而，这些荣耀的背后却是无尽的哀怨与凄凉。因此，我们应更加珍惜美好的今天，更加珍重妇女的解放与自由。

这是蓝田村节孝牌坊给我们的启示，也是留给我们的珍贵的历史文化遗产。

缠岗村

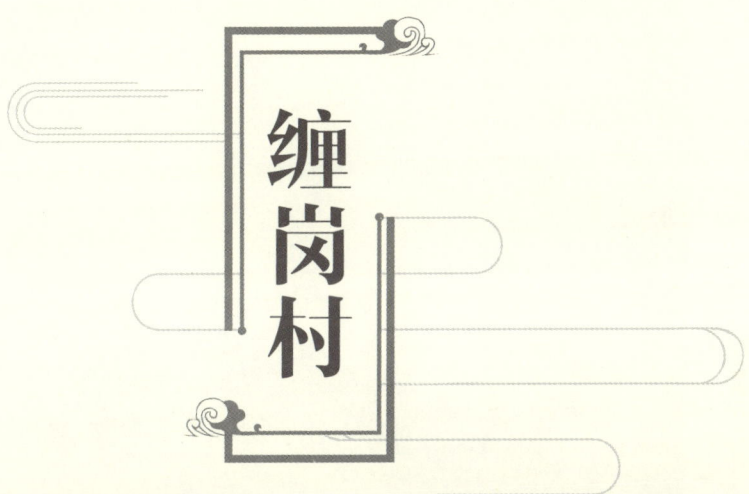

花都最西端的古村

　　缠岗村是花都最西端的一个古村落。它与清远市交界，于花都城区来说属于偏僻之地，但这里却一直是南北交通咽喉要道，现在省道S114南北穿境，山前旅游大道、肇花高速公路东西贯通，有村道联接广清公路，交通更为便捷；它拥有得天独厚的生态资源，村西的乐排河（即国泰河）南北贯穿，东北群山耸峙，河湖环绕，美林湖和碧桂园与它为邻，正园生态园与宝桑园是它的后花园，村民在家门即可看得见绿水，望得见青山。

缠岗概况

缠岗村,曾名缠冈塘村、缠冈村、缠溪村等。它东连白石村,南邻白坭村,西接国泰村,北临清远市石角镇七星村,辖缠岗、瓦岭、新屋仔、鹤栖坭四个自然村,共12个经济社。缠岗是四个自然村中的大村,因村立于三个高高的岗地上,四周是低洼的水塘与河涌,因河水缠绕高岗而故名,与瓦岭、新屋仔相邻,前有宽阔灵动的水塘为明堂,东西有乐排河与三坑水库滋养,后有三孖垅、鹅蛋岭、青龙岗三座山岗作拱卫,自然环境得天独厚。鹤栖坭位于缠岗村之南乐排河之东,因河边多鱼仔虾毛,水网洼地林木茂盛,成为鹤鹭理想的栖息之地,因先有鹤后立村而故名。缠岗村占地约10平方公里,户籍人口约2300人,全村土地1.5万亩,其中山地8000亩,耕地4000亩,鱼塘3000亩。

缠岗古村主要是指现存大量古建筑的缠岗大村。它坐北朝南,因地形所致,平面布局不太规则,村面阔约300米,巷深约150米,建筑占地约3.5万平方米。村头更楼名"长庚门",村尾更楼名"接源门",两更楼相向峙立,村民进出必须通过更楼。村后原本也有一座更楼,三座更楼三足鼎立。周边有河涌环绕,像护城河般,颇具防御性。因此,罗氏太公虽然有钱,立村以来没有发生过被土匪抢劫的事件。

村面建筑以宗祠、书舍和厅堂为主,现存较完整的建筑从西到东分别是长庚门更楼、敦本家塾、崇业书室、植兰书室、俊藩书室、世润罗公祠、世隆罗公祠、罗璿公祠、樵经书舍、修竹斋、罗氏大宗祠、诒谷别墅、接源门更楼等20多座。村中民居约80座,建筑形式均为三间两廊,风格一致,排列规整。村中建筑的体量没有炭步塱头村和茶塘村的大气,然而在青山簇拥、绿水缠绕的映衬下,这里却显得精巧别致,美不胜收!

立村传说

据村中老人传,缠岗立村已经有500多年的历史。罗姓先祖自宋代来粤,先居南雄珠玑巷,后迁新会,再迁番禺。缠岗村罗姓的始祖名康养,是一名穿街过巷卖绒线的货郎,常年挑着担子"走四墟",过的是居无定所的漂泊生活。后来,罗康养在禺北棠溪村(即现在的白云区新市镇棠溪村)做买卖时得人撮合,娶本村何氏女子为妻,从此落脚棠溪村。

罗康养生子罗暄，长大后接过父亲的挑担，仍然做卖绒线的生计，常思量住在母亲娘家不是长久之计，得另选福地繁衍生息，于是便在明朝中叶从棠溪村搬迁到现在缠岗村附近名叫择桂的村子，后觉得此地也不宜长居，便萌生了另觅居处的念头。有一天，他挑着担子来到现在缠岗村大村的地方，看到这里有三个幺岗仔如鹿麟吐珠，颇具气势，有吉祥的气象，于是以缠岗为根基，在此开枝散叶，世代繁衍。虽然经历了数十代人，但缠岗村人说话的口音跟棠溪村仍十分相似，如"缠"字不读qin^4（前），而读jin^6（贱）。更为神奇的是缠岗村罗氏族人正是通过说话口音寻找回自己的根源，找到了始祖罗康养夫妇的墓葬。原来，缠岗村罗氏与棠溪村何氏都知道与对方有亲戚关系，两村一直有来往，但具体情况不清楚，有一次，罗氏族人应棠溪村何氏宗亲邀约联谊聚福，相谈间觉得彼此口音十分相近，便聊起各自家世，罗氏只记得始祖名字，取何氏为妻，葬在一个叫"麻林岭"的地方，棠溪村何氏也在族谱中印证了罗氏娶本村何氏为妻的记录，并帮忙在棠溪村麻林岭找到了罗康养夫妇的墓葬，两村于是重新认亲，常来常往，情谊加固。为了方便族人祭祀，缠岗村罗氏于1988年把始祖罗康养夫妇合葬墓迁回缠岗村鹅蛋岭一风水宝地安葬。

　　村里还流传这样一个传说：炭步塱头村举人黄皞在云南当官，因开仓赈灾拯救黎民有功，得朝廷赏赐木鹅一只，放在家乡巴江河任其漂流三天，所到之处两岸土地尽归其所有。黄皞为官清廉，不忍多占田地，便暗中派一小孩，将木鹅偷偷推到巴江支流乐排河旁边的一口鱼塘里，而这口

缠岗古村

鱼塘正是现缠岗村罗氏大宗祠前的鱼塘,这口鱼塘也就成了塱头村黄家的产业。听村民传,之后鱼塘被炭步镇水口村任氏买了,缠岗村罗姓又从任氏手中买回,重阳太公分鱼这个习俗才得以传承至今。

崇文尚学

  过去,当地乡村的一些大姓巨族,受儒家思想的影响,均以"耕读传家"作为维系家族和谐、保持宗枝兴盛的传家宝典。耕,可以事稼穑,丰五谷,养家糊口,以立性命,是宗族生存繁衍的根本。读,可以知诗书,达礼义,修身养性,以立高德,是宗族兴旺发达的保障。因此,一些开明的宗族非常注重对后代的培养和教育,而祠堂则是乡村启蒙教育的重要场所。因此,祠堂门联中最常用的是"耕读传家久;诗书继世长"。

  旧时,花都流传有"东隅重财,西隅重才"之说,说是花都东隅的村族擅于商业经营,积赚了丰厚的财富,使后代免受贫寒之苦;而西隅的村族则重视人才培养,以教书立人,以诗礼传家。这个说法未免以偏概全,但是亦反映了当时的状况,西隅的村落确实出现了不少以读书出名的氏族。例如,花县建县以来共出了8位进士,而西隅占了其六,赤坭黄沙塘村出了朱桂芳、朱珩、朱兆莘"公孙三代举人",赤坭三和庄出了宋廷桢、宋蔚谦"父子进士",赤坭佳锦山村出了宋萱谦、宋维钊、宋仕台"一门三杰",炭步塱头村黄氏出了"七子五登科,父子两乡贤"……缠岗村虽然没有出现什么杰出人物,但是崇文尚学在本地区是出了名的。

  缠岗村是花都西隅一个大村,罗姓也是花都的名门望族。他们的先祖积累了庞大的公偿田产,生活比较富裕和安逸,因此少有离乡背井外出谋生的,因此本村海外华侨不多。而罗氏虽然生活安逸却不忘教育,在大宗祠左侧建了一所诒谷别墅,作为村中罗氏子弟读书教学之所,留下了百年的书香。

  诒谷别墅建于清末民初,三间二进,为中西合璧风格建筑,建筑占地200平方米。主体建筑为砖木结构,后设有走廊式阁楼,次间高二层,木板间楼面。四周开有窗户,窗额上塑有拱形装饰。后墙设有五个拱形门,里面广泛采用拱形门装饰。两次间看墙上设有窗户,窗额上塑有四幅拱形灰塑装饰画。

  据民国版《花县志》载,光绪二十七年(1901)学堂逐渐得到推广,

诒谷别墅

主要以私立为主,当时花县共有学堂19所,其中家族式私立学堂有花山小埗村利氏、花山平山村刘氏和江氏、狮岭杨屋村杨氏、炭步水口村任氏、炭步石湖村汤氏、赤坭黄沙塘村朱氏及赤坭缠岗村罗氏。

学校最初称为"缠溪小学",属私立初等小学,后改为第五区第一中心国民学校,清远、三水、连珠等村的子弟都来上学。1938年,花县政府因战乱迁到缠岗村隔壁的国泰村,稍后在缠岗村办起战时中学。中华人民共和国成立后,诒谷别墅一直作为缠岗小学校址,直到1984年学校才搬到新校区,结束了教学使命。

古韵生辉

川流不息的乐排河见证了缠岗村的岁月更替,车水马龙的省道S114见证了缠岗村的沧海桑田,龙蟠虬结的老榕树见证了村民的生活变迁。

在传统农业主宰的年代,缠岗村以种植水稻、茶叶、水果等出名,而且占据了交通的优势,因而成为一个有名气的村子。然而,107国道的通车使缠岗村成了偏僻之地,兼且传统农业的日渐式微,缠岗村似乎像它的古建筑般被世人淡忘了。然而,俗语说得好,"三十年河东,三十年河西"。随着生态休闲农业和乡村旅游的方兴未艾,自然资源丰富和文化积淀深厚的缠岗村也重新受到人们的追捧。

所谓"梧桐树好,有凤来仪"。缠岗村的良好生态和便捷交通吸引了新生态农业旅游示范基地宝桑园与现代都市型农业项目正园生态园的青睐，吸引了美林湖与碧桂园两大著名房地产的进驻，这里成为生态休闲旅游热门景点，成为远离都市喧闹回归自然本色的理想之家。

中国民协副主席、省文协主席李丽娜给缠岗村授牌

近几年，缠岗村借助美丽乡村建设及古村落的评选活动，从周边环境到村落基础设施都得到很大的提升。2006年11月，缠岗村被列为花都区17条古村落之一入选《广州市文物普查汇编·花都卷》。2012年，缠岗村作为区美丽乡村建设试点村，大力推进"环境提升"工程，先后修建了15公里环村水泥路，在路旁种植了600多棵绿化树，安装了119盏太阳能节能路灯，实现了全村道路硬底化和光亮化，修建了5公里新西灌渠，解决了全村耕地灌溉和鱼塘用水问题，建成了300平方米的文化活动中心，设置了阅览室和活动室，新建3个篮球场合3条健身路径，满足了村民对精神文化生活和体育锻炼的追求。2014年9月，缠岗村名列第一批广东省传统村落。2015年3月，入选第四批广东省古村落，并在该村举行授牌仪式。

如今的缠岗村，基础设施逐渐完善，村容村貌不断改善，生态环境更加优美，经济繁荣稳步发展，村民生活越来越美好。走进缠岗村，现代文明与历史文化相互融合，古建筑群与美丽乡村交相辉映，构成了一幅和谐美丽的乡村画卷！

缠岗
六德和合亲

中华文化的核心和精髓，在于"和合"二字。就词义本身而言，"和"指和谐、和平、祥和，"合"是结合、合作、融合。"合"是实现"和"的途径，"和"是"合"的理想实现。所谓"以和为贵"，民间神话将和美团圆之神称为"和合二仙"，"和合"是人类追求的人与人、人与自然、人与社会相处的理想关系状态。

缠岗村的百姓秉承"和合"文化的优良传统，有感于天地神灵的恩赐使得这里风调雨顺，有感于各大姓氏祖先庇佑使得子孙延绵，有感于村中百姓世代和睦共处，先后建造了缠溪古庙、罗氏大宗祠、和合公祠、文笔塔等风水建筑，奉祀天地神灵祖先，教育后辈贵和持中。

六德和合

缠岗村瓦岭自然村有罗、刘、杨、黄、李、伍六姓同居一村,最初由刘姓迁入,继而是杨姓、李姓、伍姓、黄姓,而罗姓是最后迁入的,但是人口发展得最快。六姓村民一直以来亲如兄弟,民国期间建造了和合公祠,用以奉祀六姓的祖先。

该祠堂三间两进,体量不算大,工艺不算精,但它融合了"和合"的文化理念,有着深厚的文化意蕴,体现了六姓村民和谐共处的人文精神。

和合公祠因六姓同建而堂号名为"六德堂",又称"六合堂"。堂号,是家族门户的代称,是表明一个家族源流世系的共同徽记,是家族文化中用以弘扬祖德、敦宗睦族的符号标志,是寻根意识与祖先崇拜的体现,所以旧时每个家族都会有本家族的祠堂,并给它

和合公祠

取一个堂号,目的是让子孙们每提起自家的堂号,就会知道本族的来源,记起祖先的功德,具有丰富的文化内涵和实际意义。

所谓"六德",过去是指义、忠、智、信、圣、仁六种德行,义为君德,忠为臣德,智为夫德,信为妇德,圣为父德,仁为子德。瓦岭村六姓村民以"六德"为堂号,一是罗、刘、杨、黄、李、伍六姓正好对应六德,有崇尚德行的美好寓意;二是以此勉励六姓村民的后辈,以德为先,以德修身,以德树人。而"六合",指上下四方,就是天地与东西南北方,泛指天地或宇宙。它是我国的一种哲学概念,其思想核心为天下规律,是阴阳思想的灵活运用,天下六合有阴阳合、天地合、男女合、时空合等,古代常用作选择吉日良辰、测算能否婚配、判断人与人之间和谐程度等,甚至被认为知六合者知天下。瓦岭村六姓村民以"六合"为堂号,更是希望六姓弟兄能世代和合,百年永好。

和合公祠大门

瓦岭村六姓村民正是遵循着"六德""六合"的祖先遗训，数百年来守望相助，和睦相处。

诒福子孙

罗氏大宗祠位于缠岗村的东侧，始建于清道光四年（1824），原为三间两进建筑，同治二年（1863）重修，民国十年（1921）扩建成三进，1969年被拆改建成村的人民会堂，2007年吉日开工重修，2009年落成重光。

罗氏大宗祠的堂号为"诒谷堂"。从字面上解释，"诒"，通"贻"，是赠与、送给、遗留等意思，如"神之吊矣,诒尔多福"。"谷"，本意为庄稼和粮食的总称，又有美善、丰收的意思，而在古代，丰收的日子就是美好的日子，因此常用"谷旦"作为吉日的代称。"诒谷"，出自《诗经•鲁颂•有駜》："自今以始，岁其有，君子有谷，诒孙子，于胥乐兮！"升华而取"诒谷"之义，意思是："从今太平盛世，年年有好收成，祖先积善有福，福泽绵延世代，子孙乐享幸福生活。"

改革开放30年，花都大地发生翻天覆地的变化，缠岗村人过上幸福美好的生活。或许是历史的召唤，或许是文化的传承，或许是传统的回归，人们对祠堂被改建成村人民会堂之事一直耿耿于怀，现在祠堂除了头门的

罗氏大宗祠

前廊保留原样外，其余已面目全非。因此，重修罗氏大宗祠是村民共同的愿望。2007年，村里成立罗氏宗亲理事会，承担重修罗氏大宗祠的重任。所谓"聚沙成塔，集腋成裘"，理事会很快便筹集资金180多万元，凭着广府祠堂的特征和村里老人的记忆，遵循文物建筑"修旧如旧"的原则，光前裕后的祠堂重修工程于2009年完工。

罗氏大宗祠堂号为"诒谷堂"

重修后的罗氏大宗祠金碧辉煌，美轮美奂。它保留了人字山墙、青砖墙、花岗岩石脚、灰塑博古脊、碌灰筒瓦等样貌，封檐板、虾公梁、石狮、斗拱、雀替、挑头等构件得到较好还原，石雕、木雕、砖雕、灰塑、壁画等装饰工艺异常精美，墙楣《三星拱照》等壁画和中堂悬挂的"诒谷堂"堂号尤其醒目。"佐国赞经猷铭鼎勋高长显耀；传薪承道统儒林望重善贻谋。"这副隽永的祠联罗列了罗氏十八传到四十一传的辈分，缅怀先贤，激励今人，启迪来者！

2009年八月初九，缠岗村罗氏宗亲理事会为罗氏大宗祠举行隆重的重光庆典，设筵千席，全国各地的宗亲约万人参加了庆典活动。2010年，祠堂被公布为花都登记保护文物单位。

清版《花县志·舆地志》将"缠岗塘"跟"鹤栖坜"是分开的，中华人民共和国成立后才把鹤栖坜划入缠岗，同村行政。因此，鹤栖坜村郭姓不在"六德堂"之列。

另外，祀奉天地神灵的缠溪古庙和寓意魁星高照的文笔塔在政治运动中遭到毁灭，实在可惜！

缠岗人过重九

中国人做事讲究意头，凡事都要有美好寓意。对于传统节日而言，每个节日都有它特定的习俗。

重阳节，农历九月初九，二九相重，称为"重九"。"九九"与"久久"谐音，因此寓意长长久久，重阳节的习俗都是从这个寓意中衍生出来的。古人认为，"九为老阳，阳极必变"，就如"物极必反"、"否极泰来"、"至刚易折"的道理一样，九月九日为老阳之数，会产生变故，因此被认为不吉利。于是，产生了插茱萸、簪菊花、喝菊花酒、吃重阳糕、登高等习俗，以辟邪避凶、转运求吉，又因"高"与"糕"谐音，寓意步步高升，层层递进，更上一层楼，比原来趋吉避凶的意蕴又更深了一层。从而，形成了较为固定的重阳习俗。

然而，赤坭镇缠岗村的重阳节习俗很特别，气氛比过年还热闹。

登高传说

缠岗村流传着这样一首民谣:"重阳佳节吃糕糕,消灾避祸去登高。请亲友,饮醇醪,如意吉祥乐陶陶。"原来,这里有这样一个故事。

很久以前,缠岗村有一个叫罗坤的村民,勤恳耕作,为人忠厚,乐善好施。一日黄昏,收工回家,路上遇见一位衣衫褴褛、极度疲累饥饿的老人,便主动热情地留他膳宿。第二天一早,老人临走时对罗坤说:"天有不测风云,据我观测,你家九月九日会遭天灾,要找没有树木的高地暂住,才能趋吉避凶。"说罢扬长而去,眨眼不见了。罗坤知道是仙人指点,把话记在心。到了九月九日那天,全家搬到山上去避灾,果然不久家中遭雷击起火,他既恐惧又庆幸。事情传开,争相仿效的人越来越多,就形成了重九登高避灾的习俗。然而,缠岗村是建在三个高岗上的,四周低矮,村前是水塘连片,村后是河涌环绕,所以才叫"缠岗",村子附近并没有高山。由于村子西北角才有高山,但太远不方便行走,村民年年搬家太麻烦,后来人们想出个办法,重九那天蒸糕代替"登高",全家人搬到门口宴请亲朋戚友吃饭,就代替了搬家。

天微亮村民已在网鱼

鱼跃人欢

太公分鱼

"太公分猪肉"相信大家都听得多了,"太公分鱼"又听过没有呢?顾名思义,太公分猪肉,就是一个家族的男丁在春秋二祭之后可分得公家分配的猪肉。太公分鱼,就是一个家族在特殊日子向族人分发自家鱼塘养的鱼。旧时,花都大多数的村子在七月十四"盂兰节"分鱼,这个习俗一直延续到二十世纪八九十年代。缠岗村自明末清初建村以来,就有重阳节太公分鱼的习俗。

原来,九月初八是太祖婆何氏老夫人的生忌。当年始祖罗康养正是得到棠溪村何氏的照顾和何氏夫人的垂青,才得以成家立业,从此人丁播衍,宗枝永茂。缠岗人秉承"慎终追远,饮水思源"的传统美德,感念太祖婆兰心蕙性,慧眼识珠,择婿择人不择家,甘愿食贫,嫁给漂泊无定的货郎。因此,村民在太祖婆的生忌都要为她庆生。后来,缠岗村罗氏认为太祖婆的生忌与重九相隔一天,两者一"生"一"久"是如此的关联,干脆把两天的活动合在一起,既能为太祖婆庆生,又能祈求长久、高寿、好运,这样更热闹更有意义。

重九这天的凌晨五点,十多名壮汉乘着曦微的晨光,在祠堂前的太公鱼塘凝神贯注地撒网捕鱼,一网足有一千五六百斤,大多是大头鱼和鲩鱼。一个小时后,各社的社长开着手扶拖拉机,把自己经济社的一份拉回去,家家户户自觉地拿着盆子网兜前来,把分得的鱼拿回家。村民说,分鱼是重九活动的一大亮点,寓意"年年有余"。

家家"春晚"

对于花都而言,无论是本地人还是客家人,最热闹最隆重的节日肯定是过年。然而,缠岗村最热闹最隆重的节日却是重阳节。

为庆祝重九这个特殊的节日,这天一大早,家家户户开始热闹地忙活了,家庭主妇蒸糕奉神,杀鸡宰鹅,男人帮忙撒网捕鱼,赶圩购物,忙得不亦乐乎,村子到处洋溢着喜庆的节日气氛。

太公分鱼

接近中午,在外工作的村民回到村里,亲戚朋友也被邀请为座上客,大家围坐吃特别的午餐"鸡肠粉"。鸡肠粉又称"粉仔",圆形条状,相当于现在的桂林米粉,用鸡杂鹅杂煮成汤粉,味道非常鲜美。中午后,亲戚朋友有的边拉家常边帮忙准备晚餐,有的打麻将玩升级斗地主,外嫁女会约上同村姊妹说地谈天,小朋友

准备菜肴

则在祠堂前的地堂里点炮仗烧烟花……当晚,家家张灯结彩,户户灯火通明,炮仗喧天,烟花闪烁,人们大排筵席,欢度佳节。

觥筹交错后,进入过节的高潮。过去,初八初九两晚请"八音"班演奏或做大戏,还有抢花炮、舞狮等助阵,中午宴请60岁以上的男丁到祠堂聚餐。二十世纪六七十年代,赤坭电影队在缠岗村设置了电影放映机,村民看电影更为便捷,初八初九常放电影,无非是"三战"(《地道战》《地雷战》《南征北战》)和"三队"(《铁道游击队》《平原游击队》《洪湖赤卫队》)之类,但村民看得很过瘾。现在,内容更丰富,大家唱歌、跳舞、玩游戏、抽奖……到处欢歌笑语,到处喜气洋洋,就像一台喜庆的"春晚"!

民俗节庆是最接地气、聚人气、添喜气的文化活动,是群众最自觉、最积极、最乐意参与的文化活动,对凝聚人心、纯洁乡风、和谐社会有不可替代的作用!

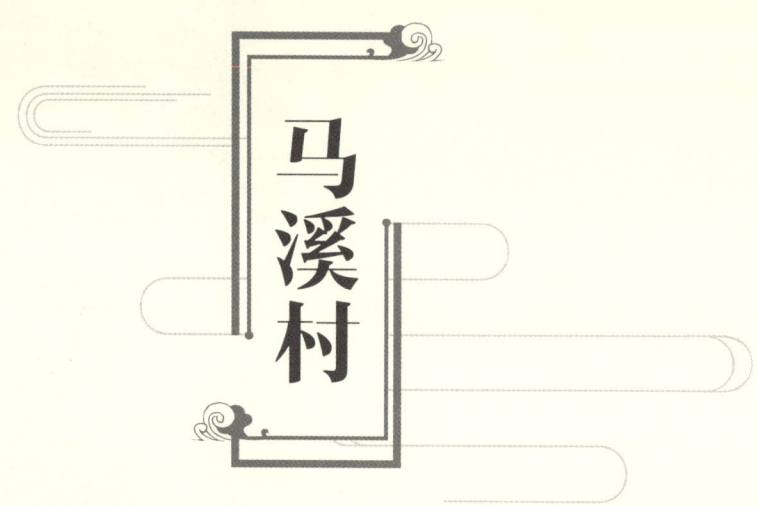

马溪村

巴江河畔话马溪

马溪村位于巴江河北岸，原属新华街道办管辖，2014年初花都行政区域调整，由"一街七镇"变身"四街六镇"，新增新雅、秀全、花城三个街道，在原新华街最西端而划归秀全街，东距花都经济、政治、文化中心所在地新华街8公里，村域面积约6.5平方公里，下设西湖、南岳、西河、位育、东秀五个经济社，有姚、林、黎、曾四姓，现户籍人口约3000人。

立村史略　村名来由

姚姓，出自五帝之一的虞舜。《通志·氏族略》记载："舜有二姓，曰姚曰妫。因姚墟之生而姓姚，因妫水之居而姓妫。" 马溪先由姚姓迁入，始祖姚宏基于南宋年间，率东园、南岳、西湖、北海、中灵五子，由福建莆田迁此立村。姚宏基播迁时，其祖赠以垂诫："乘彼高车通异乡，便随马步立纲常；子孙千亿叨遗荫，垂裕克昌厥后长。"姚姓分布在南岳社和西湖社，至此近800年。

林姓，出自殷商王朝的太师"比干"。他因谏商纣而死，其子泉逃至长林，周武王克商后，为比干忠烈所动，改泉名坚，并赐林姓。马溪林姓为福建莆田世系，始祖林宗泗为宋代进士，任大理寺评事，仕官入粤，生思容、思礼、思义、思宁四子，伯季二子居惠州府归善县平政司黄浦乡，仲叔二子成年后从黄浦迁居今花都，其中思义居南涌（今属炭步镇石南村），思礼居马溪西河社，至此700余年。

黎姓，出自九黎后裔、黎国后裔、帝尧后裔和少数民族改姓为黎等多个版本，在历史上是我国较典型的一个南方姓氏。马溪黎姓于元末明初自福建入粤，迁居梅州。明末清初，为避兵燹战乱，迁居广府各地。后因与林姓结谊拜契而迁马溪位育社，至此约500年，立下黎林两姓不克媾婚的俗例，与姚、林两姓和谐相安。

曾姓，出自夏禹的第五世孙少康。他中兴夏室后，把自己小儿子封于一个叫"鄫"的地方，鄫国历经夏、商、周三代，于公元前567年被莒国所灭，怀着亡国之痛的鄫国太子巫到了鲁国当官，以故国名"去邑当曾"，以曾为姓氏，自此世代相承。马溪曾姓于清道光年间由炭步石湖迁入，因村后为东秀冈而名，1950年成立马溪农会时并入马溪行政，1963年初划归新华公社农场，1965年底农场解散再度划回马溪，至今近200年。

马溪在立村时称马步坳，源于此处地湫水浸。《水经注》有"马步之径"之句，形容路窄仅容匹马及行人通过。因此，"马步"指出了这里地势窄险。同时，"马步"又指为灾害之神。《周礼·夏官·校人》有"春祭马祖，夏祭先牧，秋祭马社，冬祭马步"的风俗。坳，指地势低凹的地方。综合上述，"马步坳"意为该处地湫路窄，长受水浸之扰。

的确，马步坳的村民长期受水患的侵扰。《大清一统志·山川》载："巴由水（即巴江河），在花县西南五十里，自三水县芦苞入口后至巴由都与横潭水合，又南至石门入西江。"马步坳地处巴由水之畔，地势低洼，与东面的天马河、横潭水相互通连，一遇暴雨，则三水合围，马步坳便成水泱之国。据民国版《花县志》间断记载，自清康熙五十一年（1712）至光绪三十四年（1908）近200年间，巴由水沿岸乡村遇大洪水11次，村民多有离乡别井者。其中，1915年入夏，连场暴雨，北江水暴涨，清远石角围堤岸崩决，巴江河泛滥成灾，马溪一带尽成泽国，水深近两米，水漫数日，史称"乙卯大水"，现村中镇龙古庙仍留下当年水浸的痕迹。因此，当地流传着这样一首民谣，"马步坳，水浸灶；买到只牛冇地绚"，从中可略见一斑。

马步坳易名马溪，据传始于道光年间。村民说，清乾隆期间，在西河镇龙古庙西南约200米处还有一庙宇，内置一口铸有"马步坳"字样的大铁钟，后来庙宇因风霜剥蚀，白蚁侵欺，濒临坍塌，姚、林、黎三姓于道光年间集资重修了该庙，所刻石门额为"马溪古庙"。但据考，花都多个村落的庙宇均以"溪"为名，如狮岭罗洞的"罗溪古庙"、赤坭莲塘的"莲溪古庙"、花山大珠的"珠溪古庙"等，因此，也不能单凭"马溪古庙"来判断马步坳易名的时间。还有，花都多个村落以"溪"作名，如李溪、高溪、南溪、官溪、坭溪、荷溪、田溪（田美）等等。从字面解释，"溪"指窄细的水流，它没大河的咆哮湍急而呈平和之象，虽涓涓细水却长流不息，与先民"螽斯蛰蛰，瓜瓞绵绵"的理想追求是相一致的。我想，马步坳易名为"马溪"，除了表示该村周边有溪流经绕，更是希望村中各氏族如溪水长流生生不息吧！

风景秀美　人文荟萃

自古以来，先民或依山而住，或择水而居，马溪虽然长期受水患之扰，但巴江河也给予了村民生存、生息、生养的环境，这就是所谓的"靠山吃山，靠水吃水"了。况且，马溪自立村以来，历经800年风雨，村民虽有漂洋过海他乡谋生的，但留在村里的族裔依然不断繁衍壮大，说明这方水土还是挺滋养人的。

马溪，是处钟灵毓秀。该村镇龙古庙石碑载："（此地）脉入乾龙，发源始由丫髻；气乘坤马，穿田直过井头。形势则舒卷腾来，脉连一线；流泉则砰湃交注，水结双襟。气接猫儿，一派之山辉尽揽；远朝巴海，两隅之水势全收……"点出了马溪依山傍水、藏风聚气的风水格局。据传，西河林姓后冈名巴由山，上有一根石笋，长得圆润挺拔，每当落月之夜，

巴江河景色

便发出熠熠华光，映红夜空，村民在庙前叠石卜事，问以祥异，十分灵验，视其为奇珍。镇龙古庙石碑对此异象也有记载，"更可异者，左侧山灵吐焰，燃灯于落月之天"，此石笋在上世纪五六十年代被村民建房凿石而毁。

马溪，这边风景独好。镇龙古庙石碑有"……看画桥之临水，画景如观。此皆地之胜迹，庙之奇观也……"之句，描写了马溪如画般的风景。马溪，背山临水，河水在村前蜿蜒而过，丫髻山、中洞山在河两岸拱卫，一河两岸有不同风光，一年四季景致各异，尤以烟雨空濛的春晓景色为最美。现在，姚姓的巷门楼尚存一红砂岩石额，勒有"巴山胜概"四字，传为宋代陈玺墓道遗存。"巴山胜概"描写的是巴江两山对峙、一水中流、烟笼雾罩、水天相接的春江景色。现在，驻足巴江河畔，巴江烟雨的景致偶尔或可睹。

马溪，依旧古意盎然。走进马溪，一堵矮墙、一段残碑、一条石板、一根木条、一个门墩、一块青砖、一片瓦当……说不定就是几百年的历史。那一座座古拙俨然的祠庙，镶嵌不同朝代的墙砖已斑驳迷离，曾经凝聚村民多少的心愿和期盼；那一道道跨水横波的桥梁，多少年人来人往，留下无数村民的足迹；那一条条井然悠远的冷巷，吹遍南风吹北风，见证了一年四季的变化；那一口口气韵灵动的水塘，天光云影任意徘徊，日月星辰循环更替；那一眼眼明镜似的井泉，照了古人照今人，井水依然甘甜清冽；那一棵棵盘根错节的老榕，垂下慈爱的枝叶，仿佛向人们倾诉感人的故事……

马溪，此必地灵人秀。俗语云："穷山恶水出刁民，好山好水出好人。"由于有丫髻山的孕育，有巴江水的滋养，马溪历史上名流迭现，人才辈出。如，参加同盟会、入选"敢死队"、参加"三二九"起义、成立广州市郊第一区农会的农运志士林宝宸，在上海抗匪乱保衙署、于香港从商事业有成、倡创香港东华医院的富商林庆祥，在乡设馆教书、桃李满门、热心公益、修建庙祠路桥、有"一门四将"美誉的乡绅林耀门，子承父业、省城行医、悉心脉学、擅治外感湿温、业界尊崇、有"杏林父子"家声的名医林月初。曾在抗日军政大学学习，参加抗日战争、土改运动、任开平县副县长的离休干部姚绍春……等等。正是这些风流人物，充实了马溪的历史积淀，诠释了马溪"地灵人秀"的文化内涵。

保护传承　和谐发展

马溪村地处新华最西端，原属偏僻之壤，因此蛰伏数十年没多大变化，村落周边还保留着自然和谐的环境，尤其以西河、位育两社最为可观。然而，俗语云："三十年河东，三十年河西。"迈进新世纪，新华西隅先后崛起了汽车城、工业园，进驻了高端房地产，扩展了花都港，这里已经成为一片经济发展腾飞的热土，马溪村霎时成了高楼林立的"城中村"。

寂静之处突然成了熙攘之地，马溪村有了发展经济改善村民生活的难得机遇，又面临着在经济建设中造成对村落环境破坏的隐患。所庆幸的是，早在2003年，广州市开展了第四次文物普查工作，古村落纳入普查的范畴，花都文物普查办的同志经过长达两年多的普查，掌握了全区550多个文物点和17个古村落的线索，并编纂出版《广州市文物普查汇编·花都区卷》，马溪村西河、位育两社有幸被列入其中，也因此在新农村建设中没有造成太大的"建设性破坏"。

虽然如此，但马溪村西河、位育两社的保护一直不尽人意，现存状况不容乐观。一是村落已经有七八百年历史，受风吹日晒、自然风化等因素影响，建筑物存在不同程度的破损；二是村落本身地势低洼，周边道路建设不断抬高路面，导致沟渠排水堵塞，建筑物长期潮湿发霉；三是如镇龙古庙等属于公众所有的建筑没人牵头修缮维护，任其破落颓败，面临坍塌的危险;四是村民迁往新屋居住,旧村房子大多空置,房子长期闭门空气不流通,容易受到白蚁的侵蚀;五是一些宗亲为缅怀宗功祖德,发家致富后倡议修祠续谱,这本是件好事,却容易造成"破坏性建设"。例如,西河林氏宗祠始建于清康熙二十七年(1688),先后进行了多次重修,历经300多年仍气派堂皇,古朴生辉。然而,村民在前年把它拆除重建,看似漂亮的祠堂霎时古意全无,祠堂所蕴含的历史价值、艺术价值、科学价值尽失⋯⋯

2008年始,省文联和省民间文艺家协会联合开展了广东省古村落评选活动,花都共有11个村落入选,马溪村藉广州市美丽乡村建设的良好机遇,投入数千万元,对村落的基础设施进行了修缮,村容村貌变得整洁漂亮,新村体现了城中村高楼接踵、鳞次栉比、车水马龙的繁华景象,旧村仍保留着青砖筒瓦、古巷长桥、老榕板凳的古朴宁静,终于在2016年10月成功获评第五批广东省古村落。

伫立在巴由山上,遥想马溪村历代先辈的峥嵘岁月,任凭日出日入,始终延绵不断地积淀着地方的文化历史;徜徉于巴江河畔,远眺长流不息的滔滔江水,不管潮涨潮退,永远哺育着勤劳的马溪人开拓美好明天!

古村新貌

马溪人"家"的情结

有人说:家,是心灵停泊的港湾;家,是情感寄托的依归!

中国人对"家"有着深厚的文化情结,每个人心中都有个"家"。所谓"在家千日好",每逢重要的日子,背井离乡的游子,纷纷加入浩荡的归家行列,盼望与亲人一起在家共享天伦。中国人为追求幸福美好的生活,产生了对神灵的信仰,为求得到长久的庇佑,专门给其建造了固定的"家",这就是庙宇。中国人秉承"饮水思源,慎终追远"的传统美德,感恩先辈、不忘根本的孝文化可说根深蒂固,每家的祖先都有"家",那就是祠堂。可以说,中国人无时无刻都在用心营造自己的"家",从神灵、祖先到民众都有各自的"家"。

我们以马溪村为例子,剖析民众对"家"的情结。

供奉水神的镇龙古庙

在古代，先民对自然现象无法解释而感到神秘莫测，对自然灾害无从躲避而更觉惊恐无助，面对既不可知又难以捉摸的大自然，希望有一种超自然的力量来保护自己，于是产生了对神灵的崇拜，出现了开天的盘古、补天的女娲、射日的后羿、治水的洪圣等诸多神灵，建造了大量的神庙予以奉祀。

马溪村位于巴江河畔，地势低洼，暴雨和洪水对村民的安全和生产造成极大的危害，每逢连场大雨或巴江河涨潮，农作物甚至村民房舍经常被水淹没，因此村民饱受涝灾之苦，为祈求风调雨顺、国泰民安，村民便募集资金修筑庙宇，祭祀司水之神。我国司水之神甚众，有共工、北帝、洪圣、天后以及东南西北诸海神灵等等，各司其职，统理着不同的领域。花都与南方各村一样，主要奉祀洪圣、北帝和天后三位水神。

据传，马溪村最多时共有四座庙宇，经历了数百年的风雨洗礼，现仅存西河社的镇龙古庙。

镇龙古庙，属西河社林姓所有，位于镇龙岭南麓，坐北朝南，三间两进，始建于清嘉庆年间，于光绪二十五年（1899）重建，主要奉祀北帝、洪圣、天后三位神灵，祈望北帝把北方的好水滋养南方，祈望洪圣保佑南海水不扬波，祈望天后庇荫本姓宗亲趋吉避凶。据本村乡绅林耀门撰写的《重建镇龙古庙碑记》载，"若我族镇龙庙者，位厥坎方，门惟离向，枕冈之胁，席河之唇……庙之得名义有所本，大抵龙蟠吉地，正龙脉之相生，龙绘帝衣，庆龙光之上觐，故为神龙之盘聚，爰取号于镇龙"，道出了古庙的方位及名称来由。

古庙广泛饰以石雕、砖雕、木雕、陶塑、灰塑、壁画等工艺，以镬耳冲天凤翅状山墙最有特色，整座庙宇金碧辉煌。其中，古庙所有柱子均刻有楹联，大门两侧有石刻楹联："北极宣威南溟溥利；莆田肇迹梓里承恩。"前檐石柱刻楹联："接巴水枕镇冈庙貌堂皇光日月；拱离明司坎德圣恩浩荡沛江河。"前殿后金柱木刻楹联："宝殿庄严百族报功崇祀事；神灵昭显万年戴德沐恩波。"后殿前金柱木刻楹联："阵阵香烟化作祥云环宝座；煌煌灯火浑如列宿拱宸居。"后殿后金柱木刻楹联："北极宣威天上星辰化作人间霖雨；南薰秘馞湖边风月荡平海外波澜。"均为光绪年间重建时所设，主要是歌颂所祀神灵至尊至圣和福泽万民的功绩！

每年正月初一，村民定把庙内所有大小菩萨接到林氏宗祠供奉，直到正月十五才送回，这是西河社林姓的拜祭风俗。

镇龙桥

　　古庙周边环境优美，门口左右植有一大一小两株龙眼树，夕阳时分，常有牧童骑牛经过，形成"牧童晚望"景致；古庙前面古桥一道，名为镇龙桥，又称冈尾桥、庙口桥、桥坜嘴桥等，建于光绪十四年（1888），由花岗条石筑砌，长近20米，长桥倒影清晰可见，此为"画桥临水"一景，左侧为"山灵吐焰"，右侧为"新涌烟雨"，西河八景有一半集中在古庙周围。

　　可惜，由于年久失修，现在的古庙仅存头门，梁断檩折，桁霉瓦倾，周边杂草丛生，一片满目苍夷景象，与村民高耸靓丽的楼房形成了鲜明对比，显得分外碍眼！

规模宏大的林氏宗祠

　　祠堂，是纪念和祭拜族人先祖之堂，是宗族的一种硬性标志和精神核心，人们甚至将它比喻为人的"命根"，海外赤子回乡头一件事就是到祠堂向祖先报平安，可见祠堂在人们心中的位置何等重要。因此，祠堂建筑往往集中了一族人最大的人力、物力、财力，因而成为村落中所处位置最重要、最高大、最辉煌的建筑。

　　广东人重视修建祠堂的习俗远近闻名。清人屈大均谓："岭南之著姓右族，于广州为盛；广之世，于乡为盛……其大小祖皆有祠，代为堂构，以壮丽相高。每千人一族，祠数十所；小姓单家，族人不满百者，亦有祠数所。其曰大宗祠者，始祖之庙也。"

林氏宗祠

　　马溪自许立祠至清代后期，共立有祠堂15座，现存10座。其中，有5座为姚姓，分别为西湖姚公祠、南渭姚公祠、振全姚公祠、裔广姚公祠和淮阳姚公祠；3座为黎姓，分别为黎氏宗祠、德彦黎公祠和伯辉黎公祠；曾姓只有曾氏宗祠，林姓只有林氏宗祠。这些祠堂大多建于清中后期，黎氏宗祠和西湖姚公祠保留着明显的明代建筑痕迹，门夹和墙脚均为红砂岩，而以林氏宗祠规模最为宏大。

　　林氏宗祠坐落于巴由山西麓，西河八景之一的"巴山胜概"指的就是这里，宋机宜文字官陈玺及元枢密副使陈大谟父子均葬于后山，可见这是一方钟灵毓秀的风水宝地。

　　宗祠始建于清康熙二十七年（1688），三间两进；乾隆十四年（1749）重建，扩展为三间三进；同治九年（1870）再次重修，1922年加建了后楼，2014年再一次重修。

　　宗祠前面地堂宽阔，形如一张巨型宣纸；地堂前面为一口半月形水塘，状如墨砚，村民谓之"莲藕塘"；镇龙岭上如官印下似印台，岭上文塔高耸，状如毛笔。这样，形成一个"文房四宝"笔、墨、纸、砚俱全的风水格局，预示着这里必定文脉兴盛，连登鼎甲，乡绅林耀门美之为"蟠龙吉地"，列入西河八景。相传，林氏宗亲建祠时为免日后惹事，招徕不睬，着意盖低前檐，欲见"林氏宗祠"四字，需走近距台阶七米处方可见，这就是"远望不见，近看方可"的传说。宗祠石额"林氏宗祠"由清广东三大状元之一的林召棠所书，宗祠前还竖着林状元的旗杆夹，勉励林氏族裔奋发读书，博取功名，光宗耀祖。果然，族中出现了林耀门"一门四将"、林文亭"杏林父子"的传奇，风水之事还真是不可不信呢！

宗祠旁有一泉井,村民称之为"大祠堂井"。该井水质清冽甘甜,春夏秋冬四季不枯,近千村民汲之不尽,相传新娶进来的媳妇喝了井水会越来越靓,为西河八景之一"美人照镜"。

2014年,宗祠再一次重建,多了几分花哨与艳丽,却少了一份厚实与凝重,令人惋惜!

美轮美奂的霭云别墅

由于中国人有很浓的"家"情结,因此头等大事就是营造一个属于自己的"家",甚至连身居海外的宗亲都要回乡建房,以示光宗耀祖,出现了如花山洛场村的幢幢碉楼。但是,由于过去生产力低下,村民建房是人生一大事,有的甚至几代人才有一次建房的机会,因此其仪式极其隆重而繁缛,如旺地、开线、奠基、抛梁、出煞、入伙等等,有钱人更是把房子当作一件艺术品来装饰与雕琢,因此为我们留下许多精美的民居建筑,西河霭云别墅就是其中之一。

霭云别墅的主人叫林文亭,马溪人,世居广州,与儿子林月初均为省城名医,于清光绪三十一年(1905)回乡建了这组房子,包括霭云别墅、维安别墅等,中华人民共和国成立后,动员孙子林学铨回乡参加新社会农

霭云别墅

村建设，林学铨一家便改变身份回到马溪，一直居住在霭云别墅和维安别墅。

霭云别墅位于西河社中和里，坐北朝南，为两幢砖木结构的房子。正屋为三间两廊，房子高大，硬山顶，正面设趟栊门，厅堂有两层高的神楼，神楼下方以雕花木屏风封闭，设木梯从屏风后上神楼。神楼广施木雕，上方为"双凤朝阳"，两侧为花鸟、"暗八仙"和瑞兽良禽图案，周边饰以缠枝卷尾草，异常精美。神楼中间奉祀观音、天后、北帝、关圣、文昌、金花和洪圣，右侧为林门堂上历代祖先神位，左侧是都天至富财帛星君神位。后楼

雀替木雕

为一幢三间两层的建筑，高耸的镬耳山墙更显楼房的气派。后楼由天井两侧廊门进出，设石门框，门额分别刻"履中""蹈和"，门额上方设灰塑"太狮少狮"。楼层用杉木板搭建，厅堂后墙有木梯上二楼，楼梯以到顶屏风挡隔，一楼厅堂楼板正中留有一个直径一米见宽的八角洞孔，两层前后左右均有两个石窗。

霭云别墅后楼全屋均装饰有精美的木雕，一二层厅堂的花罩、次间的屏风及二楼次间的金字梁架均装饰有精美的木雕，屏风雕花有"双喜临门""福在眼前"等图案，花罩、屏风上方的横披采用镶嵌式木雕，有人物、瑞兽、花鸟等造型，主题突出、形式新颖、构图灵活、工艺精细，有"牛郎织女""仙女牧羊""哪吒闹海"等传奇故事，有"福寿康宁""采菊东篱"等人物造型，还有梅鹊、松鹤、麒麟、蝙蝠、孔雀等各种吉祥鸟兽图案，整幢别墅，精细别致，美不胜收。

透过霭云别墅，我们领略到古人对"家"的营造是何等用心，对美好生活的追求是何等执着，古代工匠们的手艺是何等精湛，这是现代水泥钢筋建筑所无法比拟的。

可惜，霭云别墅由于年久失修，木料多为白蚁啃蛀，成为一幢危楼，木雕构建大多被盗，只剩下残缺的身躯让人追忆，让人凭吊，让人反思！

通过马溪村人对"家"的情结，使我们明白了"家"是社会最小的组成单位，一个一个"家"支撑起一个家族，一个一个的家族形成一个村落，一个一个村落构成了社会。俗语云"家和万事兴"，家业兴盛先要家庭和睦，社会和谐国家才能富强！

地之灵奇　人之秀杰
——马溪村历史名人传略

俗语云，"一方水土养一方人"，这方水土如果凝聚了天地灵气，就必定会孕育出优秀的人物。所谓"丫山毓秀多异卉，巴水钟灵有奇英"，正是有丫髻山的孕育，有巴江水的滋养，马溪历来文脉兴盛，史上名人迭现，乡绅商贾、军营将校、农运志士、学士名医等英才辈出。该村镇龙古庙碑记有"况乎地之灵奇，必钟人之秀杰"之句，诠释了马溪村"地灵人秀"的文化意蕴。这里只表林耀门、林宝宸与林月初三人。

一门四将林耀门

在马溪村，流传着"一门四将"的佳话，说的是本村乡绅林耀门的家事，他虽是秀才出身，然而家风承继，教导有方，儿孙或从政经商，或行军打仗，多有建树，其中四个孙子获得少将以上军衔，谱写了"一门四将"的传奇。

　　林辉年　　　　林铸年　　　　林桂年　　　　林伟年

　　林耀门（1864—？），名荣章，字作忠，号秉均，别耀门，清代县学生员。他生于香港，父亲林庆祥是清代监生，在香港从商，创业有成，捐资济世，倡创香港东华医院，可惜英年早逝。林耀门9岁失怙，随母汤氏返乡，孝亲友弟，勤学苦读，县试得第三，闾里竞贺。汤氏矢志守节，侍姑扶幼，教子有成，晚年获清皇颁授"冰清玉洁"匾额，悬于宗祠旌表节操。林耀门21岁设教于村，后移馆五和圩，教学誉声传播，得桃李数千，热心公益，倡议募款修筑村路、社坛、镇龙古庙、宗祠后楼、海仔尾桥、沙氹桥、横涌桥等，族人景仰，四乡赞誉。

　　林耀门生有多名儿女，其中次子林卓淇（1892—1944）少承父志，热心公益，服务社会，曾任本县第三区区长、田亩陈报处主任等职，后弃政从商，先后在省城及本县赤坭圩开设桃李园酒家、安宁酒家及广州酒家。六子林卓炘（？—1937），广东省西江讲武堂毕业，历任国民革命军第十九路军排、连、营、团长等职，曾参加上海"一二八"抗战，1935年调任南京中央军事委员会上校咨议。1937年对日全面抗战肇始，积极参与抗日行动，一次在行途中遇日机空袭辞世。

　　林耀门的孙辈更是秉承祖训，奋发上进，各有建树，其中以辉年、铸年、桂年和伟年为最著，均获得少将以上军衔。林辉年（1911—1990），是林卓淇长子，字泽长，号传仁。年少投笔从戎，进入黄埔军官学校，毕业于七期步科，继入陆军大学特别班第七期深造，曾参与淞沪战役、粤北战役、苏北战役等，历任国民党军排、连、营、团长，1949年任国民党军一六三师师长，晋升国民党陆军少将，1953年退伍后从事教育工作。林铸年（1917—1998），是林卓淇次子，字涤长，号传义。曾在花县师范学校、广州市立国民大学就读，1933年考入燕塘军校十二期炮科，1942年进陆军大学十九期正则班。曾参加湘西战役、苏北战役及闽江口战役等，历任国民党军排、连、团、师、军长、副司令、国防部作战次长室执行官及联训部副主任等职，授国民党陆军中将衔。1957年考取美国陆军参谋大学，与时任越南总统阮文绍同班深造。林桂年（1925— ），是林卓淇幼子，字沛长，号传礼。毕业于广东省立黄埔中正中学、海军军官学校四十二年班、海军指挥参谋大学正规班十七期等，历任舰长、战队长、参谋长、少将舰队长及国防部少将助理次长等职，于1967年、1972年分别当选项为国民军十七届、廿二届战斗英雄。林伟年（1923— ），是林卓炘之子，陆军军官学校步科、陆军指挥参谋大学毕业，抗日战争时期，历任国民军排长、连长、上尉情报主任，历经长沙一、二次会战，常德、长衡、湘西会战，是常德会战300余幸存者之一。1945年9月，执行对日军第三师团所属一个联队缴械受降任务。1949年底随国民党去台。1976年以少将职衔退伍，现居住台湾。

一般而言，一个村落、一个时代能出一个将校，已属不易，而处于偏僻之地的马溪村，却出了"一门四将"，确是凤毛麟角，实为罕见。因此，当时"一门四将"的佳话为乡人津津乐道，林耀门一家亦成为邑人学习进取的楷模。

农运志士林宝宸

虽然是"同饮一江水，共住一条村"，农运志士林宝宸所走的路与林耀门一家却是何等的迥异。

林宝宸（1881—1924），又名林炽，马溪村人。少年时期，深受民间流传的太平天国反清故事影响，长大后在父亲于横潭圩开设的波记茶居打理生意，后因生意惨淡茶居倒闭，随父回村租田耕种。宣统元年（1909），中国同盟会会员徐维扬偕莫纪彭回花县，在三华村成立番花分会，林宝宸参加了同盟会，并被选入"敢死队"，参

林宝宸

加了辛亥"三二九"黄花岗起义，失败后携眷逃往暹罗（今泰国）做云吞面生意。

1915年，林宝宸组织旅泰华侨回国参加讨伐粤督军龙济光，失败后举家避迁下芳村，再迁招村北外约，靠租地主土地耕作。1923年前后，目睹农民在地主压榨下灾难深重，重新开始对农民宣传鼓动，组织起来反抗压迫。积极串联谭康、黄佳等，共商筹建农会，决定以堂众为基础，分头发动群众，并写信给附近各乡农民，吁请共同行动。1924年夏天，结识彭湃、阮啸仙等，进一步接受反帝反封建的思想教育，积极开展宣传发动工作，会员人数由开始筹备时的10多人增加到100多人。后在彭、阮的指导帮助下，于1924年7月，在广州芳村谢家祠召开广州市郊第一区农民协会会议，成立了广州市郊区第一个农会，被选为该会执行委员长。

在党领导下，农会开展反对土豪劣绅、拒交苛捐杂税、减租减息等斗争，取得了显著成果。在短短几个月内，入会人数猛增到上千户，农民自卫军也跟着建立起来。林宝宸不仅主动为农民争取经济利益，而且积极为农民争取政治权利。1924年，广州市在选举市长时，当局仅规定广州的工会、商会、教育会等各团体有选举权，唯独农会没有。林宝宸对此非常气愤，毅然领导农民力争参加市选，组织发动"广州市郊区农民协会力争市长选举权"的请愿和示威游行，得到农民群众的热烈响应和各界群众的同情支持，终于取得了胜利。

联团总局局长彭础立对林宝宸积极开展农运十分不安和憎恨，不惜拿巨款收买凶手杀害林宝宸，扬言"非杀林宝宸，无以灭农会"。林宝宸听到便慷慨地说："吾早已身许农民耳，我能死，农会当益发展也。"1924年12月13日下午，林宝宸在招村北外离家二十多步远，遭到彭础立指使的联团总局稽查枪杀，身中九弹，壮烈牺牲，时年四十三岁。

1925年7月31日，广东省农民协会发文公葬林宝宸，盛赞林宝宸"为农民利益奋斗而牺牲，在中国农民运动史上具有最大的价值"。8月12日，举行隆重的公祭大会，阮啸仙在会上号召大家学习烈士无私无畏的革命精神。林宝宸被葬在红花岗，广东省农民协会立下石刻碑记。中华人民共和国成立后，国家民政部向其家属发给烈士证书。

林宝宸育有三男二女，牺牲后，长子林章于1929年携眷返回原籍马溪村，嫡孙林广祯一直居住在村里，重孙散居于广州、加拿大、香港等地。

杏林高手林月初

有人说，林氏宗祠以"文房四宝"布点的构筑格局，蕴含了深奥的风水哲理，致使西河文脉流芳，使林氏后辈发扬光大，不但有林耀门"一门四将"的传奇，还流传林月初"杏林父子"的佳话。

林月初（1893—1975），马溪人，世居省城，中医大家，父亲林文亭是广州著名的眼科医生。林月初自小随父学医，因此尽得其真传。他于1917年毕业于广东中医教员养成所，随后在广州海珠南路挂牌行医。林月初对内、难、易诸经颇有研究，治外感尊崇，尤擅湿温；辨杂病床宗《金匮》，旁猎诸家，并悉心于脉学。尤可贵者，诊疾论病，能尽量融汇新知，从不墨守一家之言，故在临床上卓有成效。1963年，林月初被聘在越秀区中医研究室工作。

林文亭

林月初行医60年，努力钻研中医学术，治学谨严，谦虚求实，手不释卷，做到老学到老，所以他医术高明，经验丰富，深得广大市民信赖，誉满羊城。林月初从不以老资格骄人，对于后学能热心鼓励和帮助，同业们都喜欢与他为友。林月初一生恪守医德，一般不在家里给人看病，怕被误认为利用自己的名声搞"秘捞"，对医院造成影响。

林月初

林月初父亲林文亭只是一名医生，并未曾大富大贵，但他非常热心家乡公益事业，虽身在省城，却时时关心家乡时事，参与筹建镇龙古庙和重修祠堂，"乙卯大水"为乡人捐款，回乡建祖居时，出资修筑了西河的村道与巷道，赢得济美家声。林月初秉承父业，青出于蓝，成为杏林高手，对子女的教育也是以身作则，对后世影响至深。林月初生有五子四女（其中二子夭折），长子林学钊、三子林学铨均为医生，四子林学伦在广州汽配厂退休，五子林学标毕业于清华大学后移居美国……后辈子孙都各有建树，散居在广州、香港、海外及花都等。

20世纪50年代，正值农村土改时候，林月初做通三子林学铨的工作，要求他回到家乡马溪，一来参加中华人民共和国农村建设，分田地做主人，二来负责管理村中祖屋。因为这个决定，林学铨一家的身份骤变，从城里人一下子变成了"卜佬"（乡下人）。林学铨后来在村卫生站当赤脚医生一直到退休，医术医德均得到村人的一致赞誉，林学铨的长子林永滔目前被花都区文物部门聘为霭云别墅和维安别墅的管理员，二子林永和在花都教育战线工作，2016年10月退休。

笔者父亲的同乡老友、旅美华侨何仲贤曾写过有关林月初的文章。文章说："我十六岁开始进入广州十医校学医时，以他是同乡的前辈，经常到他寓所拜访，向他请教。他诊务虽忙，仍能不厌其详地解答难题。对于一些特殊病例，还让我先把脉，提出治疗见解，然后由他逐一指出对与不对，使我非常感动。我毕业后即参加医疗工作，也常向他请教。而他对一些学术难题及疑难病症，也常找我商量，每在大会作经检报告，多叫我为他起拟草稿。我当时不过二十多岁，论经验与资历绝不能和他相比，而他谦虚好学，不耻下问的精神，在医界中极为少见，所以同业们都对他很尊重。"从中可见林月初高尚的医德。

林月初在广州市任中医主治医师的学生康旦霞曾于1982年第一期《新中医》上，发表了题为《林月初老中医的学术思想及临床经验简介》一文，详尽而系统地介绍了林月初老医生的医学经验，这里就不作赘述了。

历史名人是本土灿烂的文化资源，他们的人生轨迹，他们的才识德范，他们的传奇经历，是乡邻学习钻研的楷模与榜样，是族人奋发进取的动力与能量，是后辈扬帆勇进的舵手与航标，是值得地方宣扬赞誉的骄傲与荣光！

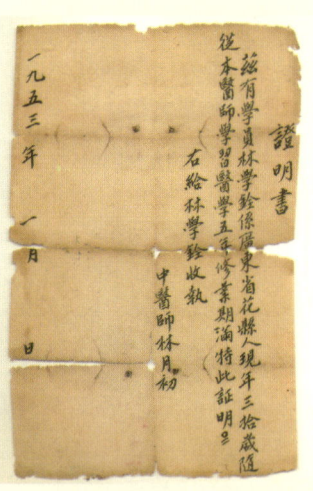

林月初给儿子发的
学习证明书

莲塘村

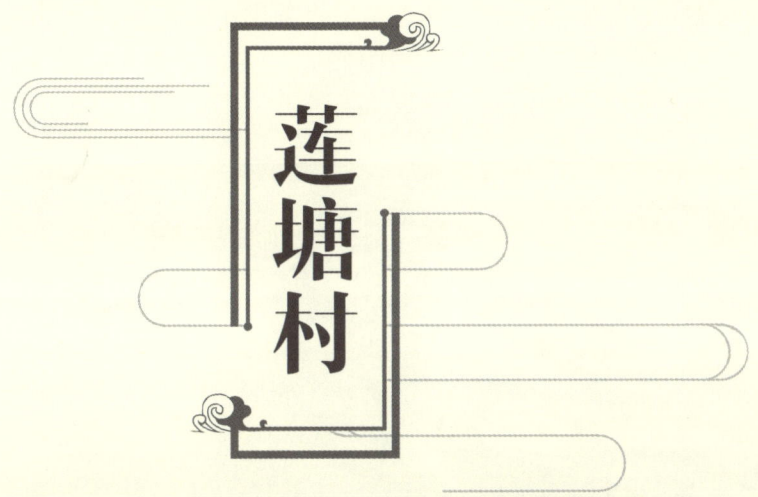

九曲河畔话莲塘

花都区有两个村名称"莲塘",分别位于新华街和赤坭镇。本文介绍的是赤坭镇的莲塘村。

莲塘村,又称西莲塘、莲溪,位于赤坭镇西部的巴江九曲河畔,南临三水乐平镇赤岗村,西接三水芦苞镇长岐村,东邻鲤塘村,北靠门口坑村,管辖莲塘、陂塘、官坑、小迳4个自然村,村民有骆、卢、钟、甘、邓、吴、黎、冼、赖、韦、张等姓氏。莲塘以水为脉,周边镶嵌有9口水塘,中间绿地似一块伸展的莲叶而得名;陂塘、官坑、小迳则依山而建,前临平野,后有靠山,错落有致,景色秀美。该村已有600多年的历史,文化遗存非常丰富,村子里祠堂高耸林立,民居井然端肃,冷巷古拙幽深,走进村子像是穿越时空、恍如隔世,一种超尘出世、淡泊宁静之感顿生。

莲塘美景

"塘"被广泛用于村名,翻开民国版《花县志·舆地志》,花都带"塘"的村名有荷塘、广塘、茶塘、龙塘、溷塘、黄沙塘、黄泥塘、罗汉塘、黄秀塘、石岩塘等近30个。旧时水池圆的称池方的称塘,后世则统称为池塘。而《六部成语·兵部·塘兵》说:"比汛狭小曰塘,比塘狭小曰铺。""塘汛"是指明清时驻军警备的两种大小不同的哨卡,"铺"是指传递公文和信函的驿站,两者常设在同一地方。因此,这些作为村名的"塘"就可能不是指蓄水养鱼的池塘或放水抗旱的山塘了。不过我想,村落流行以"塘"命名的另一个原因,是民众认为水为财而塘能容之,称之为"纳财养气",寓意风生水起、丁财两旺。因而,每个村前面必有一口半月形水塘,叫"风水塘",它既有消暑除污救火等作用,又能增加村子的灵动气韵,使村族兴旺繁盛。

莲塘村位于巴江九曲河的上游,九曲河从村西穿境而过,中洞山在村东雄巍耸峙,四个村子点缀在青山绿水中,景色秀丽宜人。该村《骆氏族谱》这样描述莲塘村:"前迎胥江水,后拥三台山。左狮山,右岐岭。北川巴水,九曲江帆齐掩映;南屏和顺,一峰雁塔兆题名。远视西岭,虎岗守海;近观东浦,乌石捍门。"旧时,文人墨客常到莲塘村游玩,评选出"莲塘四景",分别位于村子的东西南北。东有"迳水清幽",位于村东四里中洞山西处,山名迳口,此处山峰高耸,有一闸口,涧水长流,形成"中洞云拖迳底龙"景致。西有"营海三湾",营海又称新圩海,是北江排洪支流,位于村西三里的南海、三水、花县三县交界处,三河汇合,前接北江之水,后枕中洞之峰,西俯游鱼岗,东连九曲河,两岸树茂林森,水流湍急,激起波浪,江帆掩映,海石巍峨,过客往来,无不赞羡。南有"平田石峙",即花县八景之"乌石幽奇",位于村南四里处,平田水涧中有巨石嶙峋,名"乌石",其石枕连数顷,中空外耸,层峦耸翠,台阁峥嵘,景色可观,游人云集登临。北有"月影深潭",位于村北二里处,有一深潭,常年有甘泉涌出,同一潭水有清浊之分,同一月而有两月之影,烟笼雾罩,月照深潭,景色更加迷幻。

莲塘村美景远近驰名,吸引了文人墨客的到来,诗人写下了赞美莲塘村的诗歌:"啼莺两岸雨,归鹭一江烟。樵唱山山路,农歌处处田。"

鱼米之乡

莲塘村处于北江支流汇合的冲积平原带,平畴沃野,河汊纵横,湖泊密布,水土肥美,物产丰饶。据统计,莲塘村占地14.56平方公里,土地面积2.06万亩,其中山地8000亩、耕地6100亩、鱼塘6500亩,经过多年生产发展,形成山上种植山林、古树苗木,水田种植水稻、冬瓜、粉葛、莲藕、花生及其他蔬菜,鱼塘养殖四大家鱼、鹅鸭,塘基放养鸡和生猪的发展模式,成为广州的鱼米之乡。

莲塘村是广州市菜篮子工程的二线基地村,与广州越秀、江南等市场挂钩,盛产的农产品中要数冬瓜、粉葛和莲藕最为出名。莲塘村是远近闻名的冬瓜村,自上世纪80年代初开始种植冬瓜,几乎家家户户都掌握种冬瓜的技术,种植的黑皮冬瓜品种有肉厚、耐储藏、清甜等优良特性,每个冬瓜起码有二三十斤,享有"莲塘冬瓜鲜,黑皮又清甜"的美誉,全村1130多户中每年种植冬瓜的户数在700户以上,年均种植面积近2000亩,年产量超万吨,产值300多万元。近几年普及了瓜菜大棚种植,黑皮冬瓜缺乏了竞争优势,村民便渐渐减少了种植。但是,伴随着乡村旅游的兴起,冬瓜种植又慢慢复苏了。

莲塘村的粉葛和莲藕也是很出名的,乡间盛传"莲塘粉葛顶呱呱,又粉又甜又无渣""莲塘莲藕,生熟可口"等赞语,有着极好的口碑。南方水热,在此长期生活容易引起热气,诱发肝胆湿热、喉干咳嗽、口苦声哑等症状,而粉葛是最理想的解热食物,与鲮鱼一起煲汤最易解毒散热,是广州地区最常见的煲汤配方,而莲塘的粉葛由于"又粉又甜又无渣",还可以做"粉葛扣肉"等喜宴菜肴,深受当地民众喜爱。而广东人夏天喜欢喝冷饮,吃坏了肠胃,而秋冬出产的莲藕正是调养脾胃的最佳食品,莲塘的莲藕熟吃香糯绵粉,生吃清甜爽口,远近驰名。

最近,莲塘村又从广州市炬坊农业有限公司引进种植无籽番石榴,计划投资500万元,种植300多亩,建立国内首家无籽番石榴基地,用两年时间大力推广无籽番石榴种植。

又是冬瓜丰收时

古韵悠长

　　塘莲村文化底蕴深厚，文物遗存众多，民俗活动活跃，现存有祠堂、书舍、民宅、碉楼、炮楼、门楼、亭阁、巷道、桥梁、河流、水塘、井泉、古树名木等，组成村落的单元保留完整，尤其是较完整地保留了明清古建筑500多座。

　　据族谱等资料载，莲塘村各姓氏大多从明代迁入，骆氏来自炭步骆村，卢氏来自城郊神山，钟氏来自三水，甘氏来自顺德。几百年的积淀，留存了众多文物遗迹，而以祠堂最为突出。莲塘村现保存祠堂共13座，其中骆氏9座，分别是骆氏大宗祠、骆氏宗祠、文湛骆公祠、辉千骆公祠、卿品骆公祠、泉石骆公祠、洪富骆公祠、彦俊骆公祠和北庄骆公祠；卢氏有2座，分别是卢氏大宗祠、茂英卢公祠，钟氏有钟氏宗祠，甘氏有甘氏大宗祠。这些祠堂大多为三间三进，青砖灰碌筒瓦，有人字山墙也有镬耳山墙，广泛运用石雕、木雕、砖雕、灰塑、壁画等装饰工艺，虽历数百年而愈久弥新，富丽堂皇的祠堂散落在村子，更显得古韵盎然。

　　据了解，莲塘村原有庙宇2座，分别是莲溪古庙和迳口古庙，供奉的都是北帝神。莲溪古庙又称大庙，坐东向西，始建年代不详，清道光二十六年（1846）重修，1942年被侵华日军强行拆除，将砖木运到赤坭中洞犁壁山修建碉堡，现仅存刻有"莲溪古庙"的石额放在莲塘小学原址上，石额由骆氏二十八世孙、清中兴名臣骆秉章题写。村中老人还记得莲溪古庙的门联是："四面拱青山石峙海环遵圣城；一乡瞻紫气钟鸣鼓应镇莲溪。"迳口古庙的门联是："云锁洞中迷去路；月明迳口访前踪。"

　　听村民说，村里还立有社稷之神、文塔、新圩凉亭等古迹，后来都被毁了。人们对新圩凉亭的两副对联印象尤深，分别是："九曲云山谁做主；四边风月独忘饥。""为名忙为利忙忙里偷闲喜当竹韵松声暂且息肩同坐坐；劳心苦劳力苦苦中作乐正值春风秋雨何妨信口共谈谈。"

莲塘湿地

民俗盛宴

民俗活动反映了民众对天地神灵的敬畏和崇拜,反映了民众对人类祖先的尊敬和感恩,反映了民众对美好生活的热爱和追求。所谓"十里不同风,百里不同俗"。位于花都西隅的莲塘村的民俗活动丰富多彩并有其特色,有神诞做大戏、春节投灯游灯和舞狮、农历十月廿八聚福等活动。

常言道,有庙必有神,有神必有诞,有诞必有祀,有祀必有戏。莲溪古庙供奉的是北帝,三月初三为北帝诞,旧时莲塘村在北帝诞期间必搭戏棚,请省城戏班做大戏酬神,连演七天,村民带着草席,全家老少席地而坐,沉醉于台上粤剧

聚福敬老活动

老倌的表演。现在,年长的村民还记得民国初年北帝诞酬神演戏的戏棚两侧所贴的两副对联,分别是"外患未平内患未息木塑泥雕偶像能保晏安无恙;往者可谏来者可追人力金钱时间正宜邑注有为""声律善调扬趁此风光辉本地;神权经息影留诸雅韵达玄天"。

莲塘村的老人活动中心,贴着一副对联:"孝顺父母乃中华传统美德;尊敬老人为古国历史文明。"这正是莲塘人尊老爱幼传统美德的表现。每年的农历十月廿八,都是莲塘村骆氏仁敬祖聚福活动的日子,筵设200多席,除该村骆氏族人外,还有炭步埗头村的兄弟叔伯都会前来参加活动。村中老人说,聚福活动是纪念开村始祖仁敬祖及丁氏、植氏两位夫人,中华人民共和国成立前已经有了,后来曾一度停止。2014年春节,炭步镇骆村邀请莲塘村的乡亲聚福,发起倡议,当天筹得善款10万元,每位村民捐助10元,在当年重新举行聚福活动,并邀请南头、小迳、官坑等村的异姓乡亲参加。

其实,聚福这类的活动很多村都有,只不过名称不同,村民每年都借助这个日子,大家聚在一起,谈天说地,交流感情,让宗族文化得以延续下去。莲塘村仁敬祖的长者聚福宴,以实际行动诠释了一个"孝"字。

焕发新生

俗语云："三十年河东，三十年河西。"莲塘村在清前属于南海，经济比较发达，经过几百年的积累，出现了诸多豪门巨族，留下大批装饰精美的青砖瓦房，形成了古韵悠长的村落。但是，到了二十世纪六七十年代，这里已经是偏僻之地，交通极为不便，农田多（平均每人3亩多），耕作苦，任务重，每年要交300多万斤公余粮，而且经济落后，以前还流传"有女不嫁莲塘汉"之说。

广东省古村落授牌仪式

俗语又云："时移世易，事过境迁。"随着城市化脚步的加快，一些由于偏僻而保留原生态的古村落受到人们的青睐，古村落游成为一种时尚。近几年，赤坭镇加大古村落的保护力度，遵循"修旧如旧"的原则对村落进行修复整合，积极开发"九曲画廊 巴江渔歌"、名优苗木展示中心、现代生态农业示范园、古村落游等项目，凸显文化遗产和自然生态的优势，打造地方特色旅游品牌。莲塘村依托丰富的文化遗产资源和自然的生态环境，获得了多项荣誉，迎来了重新焕发生机的春天。

2014年，莲塘村获评广州市名镇名村，陂塘自然村获评广州市卫生村；2015年，莲塘村被中央政策研究室和农业部定为全国农村固定观察点，与鲤塘、蓝田三个村获评第三批广州市新农村示范片；2016年，莲塘村获评第五批广东省古村落、第三批广州市美丽乡村示范村；2017年，莲塘村与蓝田、鲤塘三村获评广东省新农村示范片。

漫步莲塘村，远望翠峦横空的中洞山，近看九曲蜿蜒的巴江水，徘徊于庄严肃穆的祠堂前，踯躅于红墙青砖的正龙巷，伫立于浓阴蔽日的老榕树下，行走于绿意盎然的阡陌里，徜徉于微波荡漾的水塘边，参与于热闹喜庆的民俗活动中……不经意间被浓浓的乡土气息陶醉了，一种泛着回甘的淡淡乡愁油然而生！

莲塘古韵意悠长

莲塘村各姓氏大多从明代迁入，数百年的生活积淀，留下深厚的文化底蕴和丰富的文物遗存，庄严华丽的祠堂、巍峨耸立的更楼、俨然端肃的民房、幽深狭长的冷巷、华盖撑天的古榕、碧波微澜的水塘、九曲迂回的巴江，构成了一个意蕴悠长的古村落。

官坑村

幽雅的官坑

官坑村距离莲塘旧村较远，与三水乐平镇覆船岗村相比邻，是一个相对独立的自然村。村民多姓甘，甘姓人自清初从顺德甘村迁此，立村300余年，现人口300余人。

官坑村环境非常幽静。前临平野，后枕青山，村前一口近万平方米的半月形水塘，水塘外是广袤平整的农田，巴江支流绕村南面流过；村后是连片的山丘，树木郁郁葱葱，村头十多棵古榕和龙眼交柯错叶，浓荫密布，形成一个半封闭的村落。

官坑村建筑非常整齐。坐东朝西，后高前低，平面布局呈梳式。村面阔约300米，巷深约120米，建筑面积约5万平方米，非常整齐严谨。村面建筑有祠堂、书舍、民房在内的古建筑约50座。其中村头有甘氏大宗祠，6座书舍在村面一字排开，排列整齐。祠堂书舍多为三间三进，人字或镬耳封火山墙，灰塑龙船或博古脊。民居大多为三间两廊式结构。各列民居以冷巷间隔，现存古巷15条，门楼各署巷名，构成村落的单元较为齐全。

庄严的祠堂

据族谱等资料载，莲塘村骆氏来自炭步骆村，卢氏来自城郊神山，钟氏来自三水，甘氏来自顺德。新移民需要的是精神的支撑，最有力的精神力量来自于宗族的团结，这时用祠堂这个祖宗的旗号来团结族人，就显得恰到好处，这也为我们留下了十多座庄严肃穆的祠堂。

莲塘村现保存祠堂共有13座，其中骆氏9座、卢氏2座、钟氏1座、甘氏1座。主要特征是规制比较严谨，采取疏密有致的布局、规整对称的结构。在空间层次上，按中轴线布置大门、享堂、寝堂，层层深入，步步高升，大门和广场的格局基本相同。有功名者，还在祠堂前竖立旗杆夹，以启迪后人。祠堂设计讲究风水，祠堂前一般有较宽敞的地堂、水塘，岭南工匠发挥其建筑装饰工艺才华，使祠堂的木雕、砖雕、石雕、壁画、灰塑等工艺，富丽堂皇，琳琅满目。

华丽的民房

莲塘村与珠三角其他地区一样，常常是八九代人聚族而居，以姓氏为单位，民房基本格局为"三间两廊"，左右以冷巷间隔，数个三间两廊联成封闭独立的建筑群。莲塘最华丽的民房，当属钟荣杰民宅。

钟荣杰民宅位于莲塘村五巷，左侧为华侨楼"留香楼"，右邻钟氏宗祠。民宅建于1933年，坐西朝东，由联谊厅和两列民宅组成一组中西合璧的楼房。

联谊厅为三间两廊，钢筋混凝土屋面，门楼设在两廊看墙处，天台女儿墙采用绿釉瓶式栏杆。民宅共两列，每列均分前后两座，每列的规模、建筑形式相同。前座为三间两廊，楼高两层，杉木楼板，瓦顶，两廊钢筋混凝土屋面。后座为三间两廊，两廊钢筋混凝土屋面。

房主钟荣杰在上海经营华南袜厂生意，蓄资回乡兴建了该宅。他的兄弟钟荣照在泰国曼谷经营汽车运输生意，于1934年在左边建了一幢"留香楼"，高两层，青砖墙，楼层为钢筋混凝土架构，具有中西合璧的建筑艺术特色，1941年遭日寇飞机轰炸，部分损坏。

留香楼

古老的冷巷

莲塘村为广府民居特色，平面呈梳式布局，每列建筑都有一条冷巷间隔。冷巷由石条或青砖铺砌而成，每条冷巷里都住着若干户人家，每家门口都设有一两块石条板凳。夏天一到，冷巷便成了村里最热闹的地方，石板凳成了最佳纳凉聊天处。多少年过去了，冷巷留下了多少家长里短，留下了多少祖辈足迹，留下了多少脉脉温情。

在莲塘村众多的冷巷中，"正龙巷"是最古老，最有来头的。据族谱载，莲塘村骆姓人的始祖骆仁敬原居炭步骆村，于明初游历至此，见此处地势胜概，乃发祥之圣地，于是决定弃祖居，卜迁于此，建房立族，开枝散叶，而骆仁敬居住的房子正是在正龙巷里。数百年

正龙巷

过去了，正龙巷的一间厅堂里摆放着骆仁敬的"人偶"木雕，供骆姓族人膜拜。

正龙巷，即是现在的莲中旧村三巷，由红砂岩条石铺砌，长约300米，两侧建筑的墙脚和门框基本都是红砂岩，明代遗存十分明显，而门楼是清道光年间重修的。

当年，骆姓氏族从炭步骆村迁来莲塘村，大多住在正龙巷里，到二十世纪七八十年代，整个莲塘村最火旺的仍是正龙巷，改革开放后村民纷纷建新房了，人们才陆续从这里迁出。正龙巷的巷口就是莲塘圩，摆卖各种杂货和农产品，南海、三水的村民都来此摆摊，每逢圩日，车水马龙，络绎不绝。

骆氏族谱序言写道："树出有根，水出有源。水达而流自长，根深而叶愈茂，祖德泽而族必威。"南粤人视珠玑巷为自己的根，莲塘村骆姓人把正龙巷作为心灵的依归，希望子孙后代在这条布满历史痕迹和记忆的小巷，寻找到归家的路！

榕树脚下流传的故事

榕树（俗称"龙树"），南国嘉木。它高寿，孩童喜欢与榕结谊上契，祈求快高长大，长命百岁；它子多，新郎喜欢采榕为"花"，希望开枝散叶，子嗣绵延；它根须多，倒插能生，繁衍力强，能独树成林；它高大，盘根错节，华盖撑天，堪称树王，能挡百煞，化解诸多不利，是广东名副其实的风水树。清人屈大均《广东新语》之"木语"说："榕易高大，广人多植作风水，圩落间榕树多者地必兴。"

莲塘村有十多棵生长了几百年的老榕树，伫立在村头村尾当眼位置。它们与堂皇气派的镬耳大屋相互辉映，倒影在澄清凝碧的风水塘中，成为村中一道最美的风景。老榕树守望着莲塘村几百年，经历了风雨的洗礼和岁月的沧桑，记录着村子的前尘往事和人世的枯荣盛衰，见证了岁月的新旧更替和时代的发展变迁。榕树下，多少的酸甜苦辣味与悲欢离合事发生，多少的青葱年少成耄耋白发，多少的传奇故事从这里流传出去。我们暂且偷闲，在榕树脚的石板凳小坐，听听莲塘村的传奇故事。

乌石与白石

赤坭有两块奇石,一黑一白,黑者称"乌石",白者称"白石"。乌石,位于中洞山西侧的莲塘村,因该石形状幽雅奇妙,被选为"花城八景"之一;白石,位于巴江河的另一头,与黑石遥遥相对,状如倒扣的巨锅。关于这"乌石"与"白石",还真有这么一段故事呢!

话说当年盘古开天,不小心把天给戳穿了一个大洞,天河之水无日无夜地从洞中倾泻下来,地上成了汪洋一片,怎么办呢?正在为难之时,盘古的师妹女娲从洞中跳出,到地界去捡五色石炼石补天。话说花县西隅有一群孩子正在田间玩得兴高采烈,忽然听到空中传来

"乌石幽奇"成大水坑

阵阵风啸声,大家抬头仰望,只见一位穿着五色彩衣的仙女,肩上压着弯曲的扁担,一头挑着一块黑石,一头挑着一块白石,袅袅娜娜地从上空飘过,他们看呆了。这时,从村中走出一位"四眼婆"(孕妇),她看得更为清楚,高声呼喊:"危险啊!快走开,她挑石的扁担是根灯芯,捆绑石头的是两条丝线啊!"话音刚落,灯芯"咔嚓"一声断了,两块石头骤然落下,仙女突然失重降落地面,一脚着地随即飞身腾空飞起,霎时不见了。后来,金鸡咀山头的巨石上留下了她的一只脚印。折为两段的灯芯,一段成了国泰河,一段成了九曲河。白的一块石头落到一个村落中,该村取名为"白石村"。这块白石占地二十多亩,中心是个很大的圆洞,像个倒扣的精钢锅,直径和高度有三十多米,洞中可容纳千人。黑色的一块,跌落在莲塘村南面三公里处,人称"乌石",占地四十多亩,高四十多米。南面有个大洞,分内中外三洞,外洞的最大面积有三百多平方米,中间的洞像个大厅,中央顶上有个大圆孔,像把大罗伞,内洞有二十多米深,深处有曲折石孔隙,透出一些从上而下射入的光线,身材瘦小的人可从石孔中转弯抹角攀登而上,可以走出石洞外直上顶峰。

中华人民共和国成立后,由于缺乏稀缺资源的保护意识,"乌石"和"白石"都被不断采挖殆尽,我们只能从前人的文字描述中去感受这奇景的妙处,实在可惜。

骆日成学艺斗牛

清乾隆年间，莲塘村有位少年叫骆日成，因脑袋长得比常人大，因此人人称他为"大头日"。他自小机灵活泼，天生好动，喜欢舞手弄脚、耍棍弄棒，父母怕他惹事，把他送到赤坭圩的书塾读书。

那时，正好赫赫有名的少林派拳师洪熙官在赤坭圩关帝庙设馆授徒。洪熙官是赤坭竹洞村猪腰岭自然村人，是南少林寺至善大师的入室弟子，为"少林十杰"之首。洪熙官在南少林寺学成下山后，加入洪门会党，投身"反清复明"运动，旨在"复兴民族，振兴少林"，名声显赫，在清远飞霞洞进行抗清活动失败后回家乡设馆授徒。于是，骆日成白天在书塾读书，晚上便偷偷地跟洪熙官学艺，两三年间便掌握了内外轻功和武术要领，刀枪棍棒十八般武艺样样通晓，尤以洪拳为精，成为洪熙官的首徒，成为岭南洪拳"前五虎"之首，武侠小说《南少林恩仇记》"大头成"骆成就是以骆日成为原型塑造的。

村里流传着骆日成勇斗大力牛的故事。话说，骆日成有一次到官窑卖谷，完事后到茶居饮茶，适逢圩日，食客如云，桌桌满座，唯独楼上临窗一桌空着，骆日成便一屁股就坐。茶居伙计急忙走过来，说这是"恶爷""大力牛"的专座，让骆日成赶快离开。骆日成听说是"恶爷"的专座，反而坐着不肯走了，他要会会这头大力蛮牛，看他是怎样的"恶"。正在这时，四个凶神恶煞的彪形大汉大摇大摆上楼，为首的正是"大力牛"蔡德辉。他见骆日成竟敢坐在他的位置上，便嚣张地嚎叫道："靓仔，你定是身痕啦！我的位置你也敢坐？""这里是茶楼，又不是你家。"骆日成故意反唇相讥。"你一定是提着灯笼上厕所——找死啦！"话音未落，大力牛香蕉般的巨手便向骆日成抓去。谁知骆日成不避不闪，没见他有什么架势，左手轻轻一拨，大力牛便一个跟跄，险些跌倒。大力牛平日横蛮惯了，哪受得了这气，自恃着力大如牛，定要教训这不识抬举的小不点，刚开始是单打独斗，后来顾不得颜面了，连同他的马仔一起上。只见骆日成发力蹬腿，扣膝合胯，先蓄后发，猛力出击，劲道十足，几个大汉被他耍得团团转，顾不得体面，大败而去。大力牛平时在圩市神憎鬼厌，个个敢怒不敢言，现在被一个小青年收服帖了，人人拍手称快，于是"骆日成勇斗大力牛"的故事就这样传开了。

骆日成的后人已经不再习武，但对祖上的事迹依然津津乐道。不过令人遗憾的是，如今莲塘村流传的洪拳已不是当年骆日成的三展拳和铁线拳，而是洪头蔡尾式的洪拳。

榕树脚下

　　在榕树脚流传出去的故事还有很多很多。例如，过去莲塘村曾出现过老虎，抓伤了本村村民桂娣婆和骆天生，后来村民手拿禾叉、棍棒和台枪，敲锣打鼓，凡是能敲打发出声音的都带上，声势浩荡地上山打虎，经过一番智勇较量，终于把老虎打死，虎骨分给村民泡酒，听说个别村民现在还保存着虎骨酒呢。还有，村里仍流传着"老虎怕关帝""大口金修虎爪围"等好多精彩的故事，在此就不一一赘说了。

　　愿莲塘村的榕树根深叶茂，万古长青；愿这里的人民生活顺境，万事如意；愿更多的传奇故事，从古老的榕树脚下流传千里！

洛场村

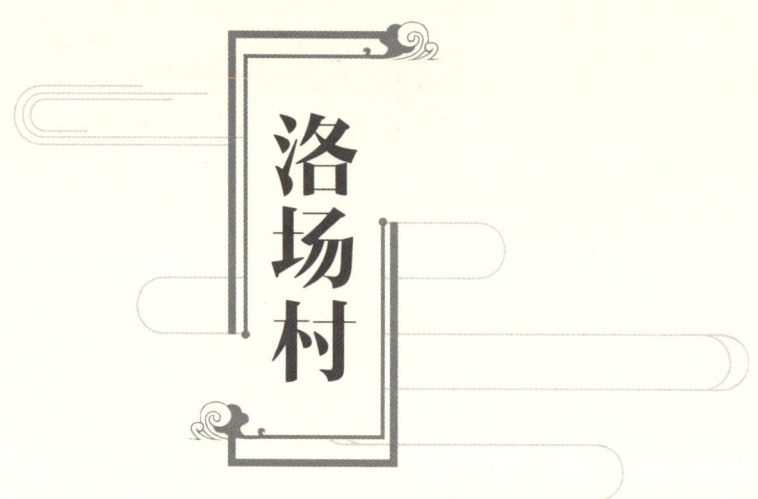

洛场侨韵绕乡愁

华侨，亦被称作"海外华侨"，指侨居在国外的中国人。花都是广东著名的侨乡之一，旅居海外的乡亲超过区内户籍人口的一半，有近50万人，遍布五大洲的六十多个国家和地区。而华侨最集中者，要数花山镇洛场村。

洛场概况

洛场，是花都区花山镇的一个行政村，位于花山镇中东部，东邻平东村和花东镇天和村，南临平东村和平山村，西连东华村和平山村，北接两龙村，距镇政府不足千米，到白云机场只需15分钟，道路四通八达，交通十分便捷。洛场村原属平山乡，1958年人民公社化时与东华一起从平山析出，占地面积约4平方公里，共有11个自然村，分别为洛场旧村、大窝岭、金岗岭、全贵庄、沈边上庄、沈边中庄、沈边下庄、瓦窑塘、文和庄、乌石岗和梓钱庄，现有耕地803亩、园地203亩、蔬菜种植面积540亩。村民以江姓为主，小部分为陈姓，户籍人口约2600人。

花都区旧时流传"东边一条江，西边一碗汤，中间一支笔（毕）"一说，指花都区东隅以"江"为大姓、西隅以"汤"为大姓、中部以"毕"为大姓。的确，花都区东隅的花山、花东等地均有江姓聚居，如花山镇的平山、洛场、东华、小埗、龙口、东湖、唐村、红群等村，花东镇的石角、保良、凤岗、大东等村，人数众多。据《平山江氏族谱》载，江姓肇于伯益佐虞，掌火有功，沐封于江国，遂以江赐姓。该村江姓原籍江西省吉安府，始祖一龙公于五胡散乱时期越梅岭寓于广东省南雄府保昌县沙水村珠玑巷，唐昭宗景福元年（892）与长子寔自南雄入广州住光孝街，后又在城北四十里长河之上立村，取名江村。自此江氏子孙不断繁衍，居地不断拓展扩充，到了十四世祖江胜清从江村迁来今花都平山村，生四子，其中著贤和至善两子居平山村上下堡，至善房到了十九世祖松岩、竹溪、梅轩三兄弟于明景泰年间迁洛场定居，立村已经500多年。

洛场村沃野平畴，阡陌纵横，流溪河支流在村北穿过，自东向西流进村西北的铜鼓坑河，再自北向南注入新街河，河两岸遍种荔枝龙眼，自然环境十分舒适宁静。

而尤为突出的是，四五十栋高大的华侨碉楼在绿树掩映下，星罗棋布地矗立在农舍参差的村庄上，如鹤立鸡群，尤为惹眼，这在广府地区是非常罕见的。

洛场村

出洋历史

现代人出国比吃"濑粉"还容易,留学、旅游、经商或务工,一本护照、一张机票,十来个小时即可到达世界各地,随时随地以微信或视频与家人联系。旧时出国并不是"馨香"事,大多是无奈之举,在"金山"的诱惑下,被劳工输出"卖猪仔",踏上一条艰险而未知的路途,多少人背井离乡,一走就是一辈子,大难不死的在异国隐忍求存,望出生天。

旧《花县志》云:"东国凋残,莫剧花邑,寇残之,兵残之,水旱凶荒残之。"天灾不断、战祸频仍、民生凋敝是近代花都的实况。花都出洋移民有多种因素,一是自然环境恶劣。花都东北部多山,土壤贫瘠,西南部低洼,较难种养,水利

洛场碉楼

设施落后,好天干下雨涝,农民常年食不果腹,生活环境恶劣,村民多选择出洋谋生。当地流传的这样一首民谣:"又有平原又有山,年年揾食咁(这样)艰难;响归(在家)耕锄难度日,漂洋过海去谋生。"正是当时社会的真实写照。二是兵灾匪患祸害。花都原属"三不治"地带,"花山寨"贼匪占据北部群山,到处打家劫舍,社会极不稳定,附近村民被迫离开。而花都"省城之屏嶂,南北粤之咽喉"的地理位置历来是兵家必争之地,从清廷围剿"花山寨"到镇压太平天国与红巾军,从民国桂粤之战到抗日烽火,这里均曾发生激战,人民饱受兵灾之苦。三是爱国志士避祸走难。花都是近代民主运动的发祥地,发生了太平天国、天地会、黄花岗起义、大革命农民运动等一幕幕鲜活的历史活剧,一些参加运动的志士失败后被迫流亡海外。四是与家人团聚。海外侨胞在异邦扎稳根基后,把远在家乡的亲人接去团聚。五是留学"浸咸水""镀金"。一些官宦乡绅、大户人家或书香门第,思想比较开明,为使子弟增长见识,宁忍分离之苦,毅然送出国门留学深造,不过这在当时为数不多。

据资料显示,花都在清嘉庆年间已有人出国,至今已有二百多年历史,出现多次出洋高潮,而且常常是家族式移民,靠着血缘关系和亲戚提

携,以致整个家族甚至一个村落都走光了。据统计,洛场村人侨居外国或港澳的有5000多人,为该村户籍人口的一倍有多。

侨乡掠影

马来西亚侨领罗锦煌曾说:"往日花邑,常患水旱之灾,务农不易,且为省城北门,常遭兵燹,民生疾苦,故县人早有出洋谋生传统。非不爱乡,实不得已也。邑侨虽身居异地,但对梓里福祉,实未尝一日忘怀!"道出了广大华侨的心声。

洛场村人主要侨居在美国。据《花都华侨志》载,花都人旅美的先驱,是花山平山村江、刘二姓的先辈,而当时平山村包括现在的洛场村和东华村。洛场村的江荣辉、江炽尧于清嘉庆五年(1800)赴美谋生,江活涵、江相威、江根威、江永刚、江活添、江新南、江杰宽等,在清同治三年(1864)应募到美国加州修铁路。这些先侨因居乡谋生不易而出国,在异域更是备受磨难,艰苦的环境锻炼出洛场人敢为人先的精神,不管条件如何恶劣,总是坚忍求存,奋力拼搏,对当地社会作出重大的贡献,甚至成为当地社会的栋梁。

洛场人秉承中华民族"慎终追远,饮水思源"的传统,扎稳根基后,纷纷寄钱或亲自回乡,买地建房娶亲,以显事业有成,光宗耀祖。同时,深感文化知识的重要性,广集资金回乡建校,希望通过教育英才,提高乡人文化水平,改变家乡贫穷落后面貌。于是,在一个村庄上,在低矮简陋的农舍之间,一栋栋新奇独特、高头大马的碉楼拔地而起,可以想象,当时没用过"红毛泥"倒制楼板的村民是何等的新鲜和惊讶,建筑场面是何等的热闹和风光,侨眷内心是何等的兴奋和喜悦,左邻右里是何等的羡慕和期盼。他们大多用自己或父辈的名字给楼房命名,如兰芳楼、绍庚楼、绍甲楼、起鹏楼、梓桥楼、梓球楼、营辉楼等;有的则以楼房的用途作名,如"彰柏家塾""配芬家塾""桃李园""修业学校""彰德阁"等;有的还起了较文雅的名字,如"雄庐""若芙庐""澄庐""静观庐""穗庐""鹰扬堂"等;而村民则根据楼房的外观形象,把一些较有特色的楼房改了俗名,如"飞机楼""坦克楼""斑马楼""火箭楼""绿瓦面"等等。

1950—1955年,正值中华人民共和国成立之初,花县城因战乱而破败不堪，无法作政府办公场所，而洛场村华侨碉楼坚固实用而成了县政府的所在地。百年过去，楼房的建设者已经作古，而这些刚拂去厚厚历史尘埃的华侨碉楼，成为广大华侨热爱桑梓的有力见证，成为研究民国时期旅美华侨建筑的珍贵实物资料，成为联结海外侨胞和家乡父老感情的桥梁纽带。

花县人民政府旧址

古村新貌

如果没有广州市第四次文物普查，如果没有白云机场在旁边落户，如果没有美丽乡村示范建设，如果没有创意文化产业的蓬勃发展……洛场，与花都其他村落无异，会寂静地隐匿在乡间虚耗着时光，几十栋华美的碉楼还在蒙尘沉睡。然而，在天时地利、政通人和的今天，在多种机缘的巧合下，洛场村迎来了焕发生机的最佳时机。

2003—2005年，花都开展了广州市第四次文物普查，对洛场村华侨碉楼逐一普查登记入册，载入《广州市文文物普查汇编•花都区卷》，纳入城乡建设规划保护数据库，列入区级登记保护文物单位，对每栋碉楼逐一进行挂牌保护，并利用政府文物维修专项经费，对平山村思明东西校和洛场村彰柏家塾、静观庐、活钦庐等华侨建筑进行了修缮。

习近平总书记主持召开农村改革座谈会时强调："中国要强，农业必须强；中国要美，农村必须美；中国要富，农民必须富。"并指出："建设社会主义新农村，要规划先行，遵循乡村自身发展规律，注意乡土味道，保留乡村风貌，留住田园乡愁。"2011年，广州市做出决策部署，全力推动美丽乡村建设，重塑乡村低碳经济、智慧城市、幸福生活、美好家园。洛场村因独特丰富的华侨文化资源而列入广州市第二批美丽乡村试点创建村。市、区、镇三级财政先后投入数千万元，以建设现代化新型特色文化生态村为目标，按照"绿化、亮化、净化、美化"的

省级古村落授牌仪式

原则对村落环境进行了"微改造"，以"水清、流畅、岸绿、景美"的标准疏浚了河道沟塘，实现了村道百分百硬底化和亮灯化，完善了垃圾房、公厕、文娱广场、健身路径等基础设施的配套。经过两年多的努力，一个社区化布局、富有侨乡风韵和中西文化特质的古村落再现在世人面前。

2013年，洛场村以庞大的碉楼建筑群和深厚的侨文化底蕴，助推"花山小镇"国际文化艺术村的诞生。该项目规划30万平方米，建筑面积13万平方米，计划投资1亿元，现正有序启动"微改造"实施方案，摒弃传统大拆大建的做法，在保留古村落原生态、保护碉楼群的基础上，有条理、分步骤地进行资源整合和功能配置，努力将其打造成为一个集文化创意、博物展览、美食娱乐、度假休闲于一体的"花山小镇"。

洛场村采取"政策推动、市场主导、企业运作"的体制模式，以碉楼为依托，以文化为抓手，创新思路，"筑巢引凤"，村容村貌大为改观，历史文化建筑得到有效保护和利用，村社和农民收入大大增加，村民自豪感、使命感油然而生，村落正以每两年一个台阶向大众展现发展蓝图，2012年获评广州市第七批文明示范村，2014年获评广州市第二批美丽乡村试点村，2016年获评珠三角最美古村、广东省第五批古村落。

现在，不管是节假日还是闲暇时段，总有三三两两的游客在洛场村流连驻足，学者、专家、学生、游客……不同界别的人，怀揣不同的需求，慕名而来，有的来观赏富有中西风情的华侨碉楼，有的来感受创意文化艺术的氛围，有的在古屋冷巷缅怀过去生活的点滴，有的在猪圈茅房改造的食肆品尝美食……各自都寻找到精神所需和心灵慰藉，我想这是海外华侨意想不到的又是最想看到的，家乡有一座修葺齐整、古韵盎然的祖屋，有机会可以回"家"听听乡音，缅怀和凭吊自己的先辈，寄托萦绕梦里的淡淡乡愁！

侨乡最美是碉楼

洛场村是著名的侨乡，旅居海外的侨胞是本村户籍人口的一倍。侨胞们在异国坚忍求存，励志革新，创造了一个个的辉煌，成为当地社会的中流砥柱；他们关心桑梓，无时无刻牵挂着祖国的亲人，为家乡留下一批珍贵的华侨碉楼。据统计，花都现存华侨碉楼约70座，而洛场一个村子就占了50座，这确实是非常罕见的。它们大大小小，高低不一，形状各异，矗立于一排排传统的三间两廊大屋之间，特别引人注目，成为侨乡的明显标志。让我们走进侨乡，近距离触摸这些浑身散发着隐忍华美的碉楼。

侨乡瑰宝

离村子还很远，一栋栋挺拔而典雅的碉楼便映入眼帘。它们三五成群地矗立在绿树掩映的村子里，在低矮农舍的映衬下显得更加高大、突出和显眼；它们像是一位位饱经沧桑的长者，见证了侨乡社会历史的变迁，向过客述说着一个个久远的传记；它们又像一座座时代的标杆，让你忍不住去走近它，解读其背后耐人寻味的故事。

洛场立村500多年，之前的三四百年与其他村落无异，基本都是梳式布局，每列房子以冷巷相隔，村面一口半月形水塘，村前村后一棵大榕树。然而，到了清末民初的20年间，近百栋青砖混凝土高楼接踵而建，这片建筑热土乐开了花，运载材料的车辆进进出出，大家争相目睹"红毛泥"的神奇，泥水工上上下下吆喝着施工，不久就在村里此起彼伏地冒出一栋栋的庞然大物，庆祝开工、入伙的鞭炮声响彻云霄，可以想象那场面是何等的热闹和喜庆，侨眷和归侨们的心情是何等的兴奋和开心。

据《花县华侨志》载，花都在鸦片战争前已有人移居美洲。《旅美花县昌善堂重修坟墓碑记》有"吾邑乡贤，渡海美陆，始18世纪……"之句，花都志书有洛场人于清嘉庆、咸丰、同治、光绪和民国时期陆续到美国谋生的记载。洛场村碉楼绝大多数建于二十世纪二三十年代，算起来回乡建楼房的大多是第一二代华侨，而楼房则以他们最初到美国的先辈名字命名。

这些碉楼既保留中国传统建筑的特质，又融入了西方近现代建筑的元素，形态庄稳，装饰华美，兼具中西建筑神韵。外观上，碉楼多为长方形，花岗岩墙脚，青砖墙，有的墙身开枪眼，早期建造的每层均镶有铁拉码固定，每层四周开有花岗石镶嵌的窗口，顶部大多为钢筋水泥楼面，也有传统的人字坡顶瓦面，少量碉楼的天台筑有俗称"燕子窝"的角堡，楼面四周设西式栏河，整栋楼房坚实牢固，既宜于居住，又便于防御。室内装饰布局以中式为主，内设钢筋水泥或木梯上下，一层大多设有水井，以钢筋水泥板或木板间层，部分楼层留有用铁枝栅栏覆盖的藻井，室内和楼顶广施灰塑、砖雕、壁画等装饰工艺，配上传统的红木家具，显得富丽堂皇。

碉楼丽影

洛场村现存碉楼主要分布在洛场旧村、文和庄、沈边庄和瓦窑塘等自然村，其中洛场旧村占八成以上。它们参差有致地散落在洛场村各地，既独自孤守又遥相对峙，彼此关顾，成为侨乡一大特色。

碉楼的体量大小不一，早期建筑的体量较小，后期体量增大，而且多带副楼，现存碉楼中有25座建筑占地超过100平方米，最大的绍庚楼182平方米，其余大多为50~90平方米不等，最小的岳崧楼才33平方米。碉楼高矮不等，有的是四层半的高楼，有的则是二层半的别墅，最高的达到18米，最矮的不到10米。碉楼形状各异，村民根据它们的形状逐一给碉楼起名，如"斑马楼""飞机楼""坦克楼"等。碉楼的用途也不一样，绝大部分是侨民住宅，有的却是公用的，如美成小学、修业学校等。

洛场村碉楼中最具特色的当数鹰扬堂、梓桥楼和梓球楼。鹰扬堂，又名"自谦楼"，俗称"斑马楼"，由旅美华侨江自谦兴建，使用大红砂砖和青砖砌成条状墙体，窗边墙体则用两种砖交替竖砌，整栋楼房颜色深浅相间，层次分明，非常好看。楼顶正面女儿墙上砌有拱形照壁，照壁上塑有一只展翅欲飞的雄鹰，照壁正面有灰塑竖写的"鹰扬堂"三字，是众多碉楼中建筑风格最有特色的一座。梓桥楼，俗称"飞机楼"，楼主江梓桥的两个儿子从美国寄钱回乡建成，因该楼平面形状为前后突出成十字形，左右厢房像两翼，外形像一架腾空欲飞的飞机而得名。梓球楼，俗称"坦克楼"和"绿瓦面"，楼主江梓球与"飞机楼"楼主是两兄弟，因楼的外形似一辆坦克车和该村唯一一栋绿琉璃瓦面楼房而得名。

洛场村碉楼因其独特的外形以及坚固

斑马楼

飞机楼

坦克楼

耐用的建筑材料，历经百年仍愈久弥坚，仍以高姿态挺立在古村里，形成一道亮丽的侨乡风景。

人去楼空

洛场村碉楼历经百年，楼主在国外已播衍五六代，楼房基本都是由家乡的亲属打理，甚至家乡的亲属也陆续到了国外生活，目前大多数楼房是人去楼空，任由岁月销蚀和风吹雨打。

民国期间，洛场村碉楼数目远不止现存的数量，部分在战乱与历次政治运动中被无辜破坏。日军侵华时，部分碉楼遭拆毁，青砖被用作修筑碉堡和战壕；"土改"时候，大量的侨房被没收、挤占，一些楼主被定为地主富农的侨房分给贫雇农，有的为某些机关、学校、部队或集体单位所挤占；"大跃进"时候，全民大炼钢铁，热火朝天，侨房身上所有铁的构件，如钢筋、铁门、铁窗等被拿去炼钢铁；"文革"时候，侨房侵占更为严重，不少侨房的主人或代管人被作为"牛鬼蛇神"押送下乡，或粗暴地以"割资本主义尾巴""放包袱"等办法，逼献侨房。所有这些，都严重损害了华侨、归侨和侨眷的权益，严重伤害了他们对家乡的感情，海外侨胞因此对政府产生了隔阂和怨怼。

其实，国家和地方侨务部门一直为争取华侨权益作努力，陆续出台一些保障华侨权益的政策文件，只是在极左的路线干扰破坏下，华侨权益一直未能得到有效保障。1955年，花县根据华南侨务工作会议的指示精神，初步接触了旅外乡亲最关心的侨房问题，确立了处理侨房原则，公家占用侨房的办理租赁手续，交付合理租金，私人占住侨房的，要承认侨房业主产权，双方协商租借或退回。1959年，花县在整顿人民公社时，将部分侨房物归原主，已拆除的作经济补偿。1967年，花县房管部门对"文革"前合法出租的私人房屋一律施行接管出租。1972年，中央下达了28号文件，指示要落实华侨私房政策，维护华侨正当权益。

1978年和1979年，中央连续两年下达文件，重申国家保护华侨房屋的所有权，明确规定任何单位或个人，不得以任何借口占住房屋，已占住的应在1979年内退还。花都的侨房从1982年起陆续退还，到1993年，完成农村侨房的清退工作，赢得了侨心。

古屋重生

洛场村碉楼虽然物归原主，但由于楼主不在国内，大部分楼房空置，碉楼成"空心楼"，楼内一股霉味了无生气，木构件长期在湿热的环境中易被白蚁蛀蚀，碉楼的现存状况不尽人意。是任由碉楼继续尘封保护还是活化利用，这是摆在新农村建设中的重要问题。

2011年，广州市做出决策部署，全力实施新型城市化发展战略，全力推动美丽乡村建设，引导城市资源向农村延伸，引导农村向"生态人居、生态环境、生态经济、生态文化"方向发展，促进城乡统筹发展，促进城乡规划、产业发展、基础设施建设、生态环境保护、基本公共服务等全面实现一体化。2012年，开展广州市美丽乡村建设试点工作，规定市级财政不少于30%涉农资金、各区不少于40%涉农资金安排用于美丽乡村建设。2013年，洛场村被列入广州市第二批美丽乡村试点创建村，经过一年多的建设和"微改造"，展现在大众面前的是齐整干净、古朴清新、富有侨乡风韵的新姿态。

2013年，正值文化创意产业方兴未艾之时，洛场村藉美丽乡村建设的大好时机，适时引进了"花山小镇"国际文化艺术村项目，规划将洛场村建成一个以华侨楼和侨乡历史文化为特色的、集文化创作及经营、博物展览、美食娱乐、度假休闲等各种业态并存的、中高端文化集聚村落和综合文化旅游区。在实施规划过程中，得到了洛场村侨胞的鼎力支持和积极配合，经过三年多的建设，目前已成雏形，初见成效。

洛场村碉楼在我们的视线中隐匿了漫长岁月，因文物普查而被人们所认识，因美丽乡村而得到有效保护，因"花山小镇"而得到充分利用。现在，洛场村碉楼伴随小镇的崛起而声名远播，这些外观特别，美轮美奂的华侨建筑，在美丽乡村建设中显得更加标新立异，更加璀璨耀眼。

洛场江氏竞风流

《花县志·人物志》序曰："人之能取重于乡者，虽历年久远，闻者犹想见之。花邑灵气郁蟠，钟奇毓秀，或以功名垂竹帛，或以岩穴流徽光……不啻先民是程矣，载笔直书所以，正仰止维风化，也志人物。"花都（原花县）先后3次出版《花县志》，把众多"能取重于乡者"列传，使他们的嘉言善行流芳百世。然而，洛场村江氏能入《花县志》的只有老归侨江起鹏1个，而在1996年版《花县华侨志》入传者却有18人。因此，洛场村江氏在"灵气郁蟠，钟奇毓秀"的家乡，过的是平淡安逸的日子，没有涌现出多少标杆人物；倒是在异域的侨胞备受磨难，凭着刻苦勤劳的拼搏精神，发挥华人精明创新的智慧胆识，在他国创出一片新天地，逐渐融入当地的主流社会，成为政治上有地位、经济上有实力、科技上有建树、社会上有影响的名流。

不凡建树

洛场村华侨主要侨居地是美国。据《花山镇志》载："洛场村江荣辉、江炽尧于清嘉庆五年（1800）赴美谋生。"《花县华侨志》载："同治三年（1864），平山洛场江活涵、江相威、江根威、江永刚、江活添、江新南、江杰宽等应募到美国加州做修铁路的苦工。"其中，江杰宽即"华裔楷模"江月桂的祖父。这是洛场村江氏入美的早期记载，距今已有210多年。

江月桂

洛场村江氏在美国"落地生根"200多年，他们勤劳创业，世代相承，不少人取得不凡的成就，佼佼者如花县第一个留学生、工科举人江起鹏，美国第一位华裔州务卿江月桂，曾任广东无线电台台长、台湾"国大代表"、美国花县总会馆主席和加州荣誉副州务卿的江思聪，曾任广东省参议员、陈济棠幕下第一军军需主任江绍甲，中华人民共和国成立初任第一至三届花县侨联会主席的江兰芳，曾任花县议会议员的江东伟，曾任美国驻广州副领事和驻香港领事的江权活，曾任美国源流出版社副社长的江开宏，美国知名演员江演恒，美国Stone & Youngbery公司业务发展总裁江国雄等等。

江月桂、江起鹏在美国创造了多个第一。江月桂是美国第一位华裔女州众议员，更是美国第一位亚裔女州务卿。在美国亚裔及华人世界里，能跻身政坛高层的华人移民后裔本来就为数不多，至于华裔女性更属凤毛麟角，而江月桂则堪称开历史先河的代表人物之一。她的一生充满传奇色彩，创造了一个又一个奇迹，在1966—1972年间四度当选加利福尼亚州众议员，在1974—1990年间五度蝉联加利福尼亚州州务卿，选举得票率超过了该州普选公职人员历史最高纪录。江月桂不但是美国华裔参政的先锋，更是华裔妇女参政的拓荒者，缔造了华人、也是亚裔女性民选最高官员的历史，被称为"华裔的楷模"，美国《国际日报》曾在头版头条新闻里将她评为"全美华人十大新闻人物"之一。

江起鹏是花县第一个留学生，也是第一个进入美国黄石公园参观的黄种人。他自幼家贫但好学，稍长即赴美谋生，1900年通过半工半读完成大学课程，毕业于美国波特兰理工学院，而花县首批官费留学生利寅、朱兆莘等在迟了几年才出国。江起鹏后来回国，获工科举人授，曾任广东造币厂技正、花县民团总局董事、广东省政府参议、花县参议会参议员等职，各方面都颇有建树。

虚竹品格

洛场村一栋很有名的楼房叫"飞机楼"，楼顶墙壁上镶嵌着楼主江直亭写的一块座右铭石碑，碑文有"菊之爱，陶子渊明；莲之爱，周子濂溪也。近有虚静子者，亦爱竹也。虚静子者谁？直亭也……竹有劲节，中虚而外直，盖有君子之称……爱检集经训中言君子者录之，以为座右铭，庶有裨于养心养身之助也"之句。江直亭，族名江梓桥，爱竹成痴，因偶读马谦斋《水仙子•咏竹》"贞姿不受雪霜侵，直节亭亭易见心"句，遂改学名为"直亭"，并检集君子的操守作为留传后辈的座右铭，我想，这应该能代表洛场村江氏的文化品格吧！

江直亭只是村中一学究，没有出过洋，有着竹子"虚心有节"的君子品格，一生致力于阳明之学，著有《圣学渊源记》等书，积极联系旅美侨胞捐资建校，为教育家乡子侄不遗余力，曾任《花县侨商杂志》社长，为传播中西文化不辞劳苦。

洛场村早期的侨胞多是家贫而离乡的，他们在异域能秉承家乡的文化品格，勤学自勉，步步攀升，成就辉煌人生。江月桂通过学习改变命运，运用知识攀登人生高峰。她中学毕业后当过家庭佣人和农场女工，从半工半读大学肄业、教育学硕士到博士学位，

江东伟

后又在多间大学进行博士后研究，学习伴随着她的传奇的一生。江起鹏显示出强大的文化自信，到美国后与一位有志学汉语的美国人结识，彼此建立中英语互教互学关系，因而精通英语，并靠半工读完成学业，参观黄石公园刻石留名，成为史上第一位参观黄石的黄种人。江东伟在家乡只读了四年书，却心存大志，第一次赴美在唐人街开洗衣馆，第二次赴美即敢独闯纽约，开设酒楼，刻苦补习英文，闲暇学习水彩油画及诗词歌赋等，并

常与外交家兼同乡朱兆莘等来往,所谓"谈笑有鸿儒,往来无白丁",他的个人素养和品位得到极大提升,几番努力跻身主流社会。

竹有高风亮节,自古以"君子比德于竹",这正是儒家修身养德之本。洛场村江氏秉承我国传统美德,以竹子"未出土时先有节,及凌云处尚虚心"为操守,虽在异域仍能坚守自身的文化特质。

桑梓情怀

国人对家乡有份难舍的情怀,它记载着自己的人生轨迹,想起家乡就会想起亲人,就会想起在家乡生活的点滴,一股暖意立刻涌上心头,在异乡骤闻乡音更显得亲切,淡淡的乡愁让人魂牵梦萦。

洛场村侨胞虽在外"落地生根",仍然没有忘怀自己的根之所系,想方设法让后辈记住自己的"根"。洛场村侨胞江汝川等人于1900年创办"昌善堂",即美国花县总会馆的前身,总会馆历届主席团以"亲仁善邻,乐业敬群,发展会务,造福乡梓"为宗旨,每年举办团年宴、鱼生宴、春宴、成立庆典布斐餐等,增进乡谊;清明、重阳拜祭先贤,慎终追远;设置奖学金,奖励邑人子女中学习成绩优秀者,鼓励年青一代发奋读书,扬威异域;创办《花县总会馆季刊》等刊物,报道乡亲信息,增进桥梓情谊,交流生意经验,让侨胞勿忘乡音,记住乡愁。有人对此有感赋诗曰:"金山会馆如林立,年老华侨当乐园。雀局下棋娱晚景,桑麻话旧溯渊源!"

洛场村江氏无时无刻关心桑梓,热爱家乡。在风雨如晦的年代,不少侨胞热诚地捐资、献力支持革命,有的投身到血与火的战斗行列中去。1894—1911年,洛场村江绍庚、江炽瑶、江竞芬、江锐宽、江学聪等侨胞,在海外追随孙中山,向广大华侨劝捐募款,支持革命活动。洛场村侨胞在外目睹当地文化、教育、科技发展的状况,更加感受到没文化带来的悲哀,于是多次筹集巨资回乡,建成美成小学和修业学校,希望通过办学作育英才,振兴中华。

江月桂虽生长在美国,但一直没有忘记自己的根在中国。江月桂一直以身为华裔而自豪,年少时父亲把她送回洛场村读书,从政后多次回到家乡探亲。她在家里过着传统的中国式生活,还会说中国话,虽然政务十分繁忙,仍勤习中文、国画和书法等,通过这些家乡的"符号"帮助自己寻回中国根。江起鹏、江兰芳、江东伟等虽"落叶归根",在家乡仍致力于中西文化交流和传播，联络两地族人的感情。江直亭出任由旅美华侨江锐宽、江耀联资助创办的《花县杂志》（后改名《花县侨商杂志》）社长，着重报道海外乡亲近况及花县县内大事，还刊登文艺小说及粤曲，每期印刷600册，寄发美国、新加坡、安南等地。江兰芳以65岁的高龄当选县侨联会主席，以耄耋之年为侨乡奔走效劳。江东伟把儿子带回家乡上学，江思聪是在国内念的大学，还参加抗日战争，为国效力，自己到了暮年还亲笔主修《花县平山江氏族谱》，让煌煌浩帙流传于世，让良好家风代代传承。

江思聪

　　洛场村侨胞回乡建房，一来以示光宗耀祖，二来在家乡留下一些记忆的"符号"。但是，在土改、反右派、大跃进、文革等"废族毁家、悍逆横流之秋"，归侨、侨眷受到不公正待遇，被错划为地主、富农、右派分子，遭排斥、歧视、打击和迫害，侨房被没收、挤占和拆毁，严重损害了华侨的权益，伤害了侨心，切断了他们与祖国和故乡联系的纽带。

　　然而，洛场村侨胞放下隐藏心底的隔阂，不计前嫌，一如既往支持家乡的建设，特别是在近年规划建设"花山小镇"过程中，给予了家乡极大的支持和配合，展现出洛场人广阔的心胸和宽宏的气度。

　　…………

　　现在，当你在洛场村徘徊于洁净的乡间里巷，踯躅于鲜活而富有情调的碉楼前，徜徉在精细别致的文化创意园区，流连于农舍装修的食肆商店，你对深藏在碉楼建筑背后的故事有了些许认识，对江氏一众风流人物多了一份了解，对弥漫中西风情的华侨碉楼更加神往，对为后世留下这份宝贵遗产的先哲们景仰之情油然而生……期望长江后浪催前浪，江氏一代更比一代强！

关心桑梓 功绩永存
——洛场村侨胞捐办学校史略

华人首富李嘉诚曾说："知识改变命运！"在人类发展中，知识一直都扮演着最重要的角色，任何一个时代都不会忽视知识的重要性。海外侨胞虽然在异国"落地生根"，但他们坚信祖国富强是自己坚强的后盾。他们目睹欧美各国文化、教育、科技发展的状况，深感家乡文化教育的落后，于是联合起来筹集资金，为家乡建校办学，为祖国培育人才。

捐资兴学　　梓里情深

清代，花都（原花县）设有县学、书院、社学、义学等教育机构，较早的是花峰书院，稍后陆续建有均和书院、狮峰书院、悦贤书院、跃云书院、花峰乡塾、联云社学等共13所，教授内容主要有程朱理学、经史辞赋、科场时文等，办学经费由衙门、公尝、圩场税收等来维持，虽是"时作时辍"，也造就了一批人才，共出了50多名举人和8位进士。清光绪二十九年（1903），清廷诏令废科举、兴学堂，各乡开始陆续创办学堂。民国初，教育事业尝试改革，取缔私塾，废除四书五经，兴办新教堂，采用新教材，开设国文、算术、自然等新兴课程，教育发展进入新的里程碑。

马来西亚侨领罗锦煌先生在《花县华侨志》序言中说："邑侨虽身居异地，但对梓里福祉，实未尝一日忘怀！"这代表了广大华侨的心声。他们大多出身贫苦，在海外饱受欺凌，深切体会到没有文化的苦处，希望通过兴办教育使家乡繁荣兴旺。自清末提倡"废科举，兴学堂"以来，海外华侨便积极响应，纷纷捐资在家乡兴建新式学堂。二十世纪二三十年代，花县掀起一股侨办教育的高潮，涌现出不少兴学育才的楷模。例如，1909年，公益村归侨徐茂均创办了日新男校和日新女校；1917年，民安村旅巴拿马侨胞陈耀池、陈汉琛等捐资创办达中小学，后改为民安小学；1920年，东华村旅马来西亚侨胞江桐材及旅美侨胞江杜泉等带头捐款，创办东华小学；1921年，洛场村旅美侨胞江照台等发动捐资，创办洛场小学，后改为美成小学；1925年，平山乡旅美侨胞刘广祯等捐资创办思明东校和思明西校，东校后改为华侨中学；1930年，洛场村沈边庄旅美侨胞江活涵等发动捐资创办修业小学；1930年，大珠村旅越南、新加坡的侨胞发动捐资创办和郁小学；1931年，平山村梁姓侨胞捐资创办观明小学，田美村杜蔚文等向海外侨胞倡议捐资创办保田小学；1933年，三东村旅美侨胞邓开堤、邓象玖、邓玉管等倡议创办三东小学；1933年，横潭乡旅越南侨胞邓学如倡议捐资创办横潭乡立小学；1948年，莲塘村海外侨胞捐资重修莲塘小学；1948年，儒林村旅巴拿马侨胞林达远、游鉴全与日本归侨朱耀廷倡议创办儒林小学……一时间，侨办学蔚然成风，侨办学校如雨后春笋，四乡八邻比比皆是。尤其以花山为突出，共建有美成、修业、思明中小学、东华、近月、观明、红群、儒林、平东、养正、康泰、紫西等小学共13所之多，而花山又以洛场村为最著。

中华人民共和国成立后，特别是政通人和的新时代，侨胞们捐资办学之心不变，旅美侨胞洪祯祥、旅马来西亚侨胞罗锦煌、旅美侨胞杨槎正兄弟、旅美侨胞黄日鎏父子、旅港侨胞郭邝肖卿等热心家乡教育,踊跃捐资办学,尤其是郭邝肖卿捐资3500万港元建成邝维煜纪念中学……花都侨胞对家乡教育事业的贡献,影响极为深远,将名垂史册,留传后世。

美成修业　育才彰德

洛场村所有江姓祠堂门口都挂着一副门联:"楼头读月;笔底生花。"对联指的是"江泌追月"和"江淹梦笔"的典故,期望子孙以两位先辈为榜样,承继家风,虚心苦学,成就大器。

从祠堂的门联可以看出江氏对教学的重视。洛场村江氏旅美侨胞目睹美国文化教育迅速发展,联想家乡教育落后,感慨万分,产生了资助桑梓,开办教育的迫切愿望,先后建成了美成小学和修业学校。

美成小学创办于1921年,与悦贤小学、第一高小为花都最早创办的三所学校,由洛场村旅美侨胞江照台、江秋联、江绍庚、江远玲、江成贯、江绍河、江兰河、江兰芳、江东伟、江炽尧、江直亭、江镜波、江通扬、江象坤等,积极倡议和热心劝捐资金,多次不辞万里地回国参加建校工作,为表明是美国侨胞资助创办的,故以"美成"为校名。为了纪念旅美侨胞为家乡办学,1923年校董会在校舍旁盖起一座四柱三门式钟楼,取名"彰德阁"。钟楼墙壁上镶嵌着两块刻有捐款人姓名和款项的石碑,大钟上也携刻了捐款人的姓名,彰表侨胞捐资建校的嘉行,让家乡学子世代铭记,使侨胞的善举流芳百世。钟楼门柱上篆刻对联:"彰显琼楼千古泰;德盈秀阁万年芳。"拱门上方嵌有牡丹、木棉、菊花、彩带、吊环等中西式彩色浮雕图案,带有巴洛克艺术特色,精细别致,风格独特。1926年,校舍因农会与民团混战中而被毁,后侨胞们复捐赠巨款重建得以续办。抗战胜利后,旅美侨胞再筹十多万美元,派江东伟回乡兼任校董,扩招邻

彰德阁

村的学生，学生达到260多人，均有整齐的校服，还配备了2辆校车接送离校较远的文和庄等地的学生，使美成小学成为县内声誉较高的学校。中华人民共和国成立后，学校设施环境更加完善，增设了初中班，学生最多时有700多人，曾被评为广州市教育战线的先进单位。1979年8月30日，美国副总统蒙代尔一行到洛场村访问，参观了学校，深表赞扬；1980年9月，祖籍洛场村的美籍华裔、美国加利福尼亚州州务卿江月桂回家乡探亲访问，对学校的办学状况甚为满意。美成小学经历了近百年，目前仍在发挥着教书育人的作用。

修业学校创办于1930年，由洛场村旅美及秘鲁侨胞江活涵、江星渡、江作根、江桂理等倡议募集资金建成，为私立高等小学。日寇侵华，炮火摧残，梓泽丘圩，昔年桃李满门，顿成瓦砾。然百年树人，教育不容久废，于是在抗战胜利后，村里将课堂搬到濯斯祖祠，继续开课讲学，并由在乡从政的江志剑发动募捐在原址上复原。1950—1959年为花县一中师范部，1986年改为修业中学并附设花山青少年业余体校，2005年改为花山职业技能培训基地和成人文化技术学校。修业学校有三路建筑，中路为钟楼和礼堂，左右两路为课室，以月洞门相隔。钟楼高两层，圆拱楼顶上有精美的灰塑图案和吊钟，具有中西合璧的典雅风格。礼堂三开间宽、一开间深，面积370多平方米。由于礼堂面积大，而且又曾是政府所在地，因此经常在这里举行大会，如1938年5月先后两次在修业小学举行全县小学教师抗日救亡座谈会，1955年8月30日举行花县归国华侨联合会成立大会等等。

回眸百年，岁月悠悠；斯人西去，学校犹存！站在学校钟楼之上环顾四野，花都农村新貌映入眼帘，北部群山逶迤苍莽，东南空港经济圈冉冉崛起，西侧万达文化旅游城初见规模，花都向世人展现了一幅宏伟的建设蓝图！

修业学校

凤凰涅槃　和鸣九天
——洛场村『花山小镇』成长记

从参加文物普查起，到洛场村不下百次，每次走进该村，青砖碉楼、镬耳祠堂、舂墙老屋、幽幽冷巷、深深庭院、流水清溪……境况还是这么荒芜破败，感觉总是那样落寞心酸。然而，这次与以往不同，村子看上去没多大改动，一切还是那么随意，没有太多的雕饰，却是那样恰到好处，随地弥漫清新的生活气息，到处洋溢浪漫时尚的情调。它是如何从一个颓破凋敝的古村落蜕变成这么有文艺范的"花山小镇"的呢？小镇的高管杨先生介绍了小镇的成长经历，他说："凤凰在大限到来之时，集梧桐枝于自焚，在烈火中新生，其羽更丰，其音更清，其神更髓……花山小镇就是一个'凤凰涅槃'的过程！"

借力栽桐

十年前，开平碉楼已经是世界文化遗产了，而洛场村碉楼才刚被揭开陈旧的面纱，开始引起社会各界的关注，有文化企业甚至打起碉楼的主意，但总是以无疾而告终。究竟如何在碉楼保护与利用中找到平衡点，更好地传承当地的华侨文化呢？

2012年，洛场村启动了广州市第七批文明示范村创建工作，以文化作为引领，建设了文化室、农家书屋、绿色网园、小公园、健身路径等公共文化设施，扶持组织粤曲"私伙局"、春节舞狮、元宵投灯游灯、清明祭祖、重阳敬老，以及广场舞、太极拳、篮球赛、象棋赛等文娱活动，提升村民的综合素质，培养健康的生活情趣，营造了文明的村风民风。

广东省原政协副主席梁伟发（左二）考察花山小镇

时任省文化厅厅长方健宏（右一）考察花山小镇

同年，广州市启动美丽乡村建设工程，计划按照"规划建设有序、村容村貌整洁、配套设施齐全、生态环境优良、乡风文明和睦、管理制度完善、经济持续发展"的总体目标，到2016年完成122个美丽乡村创建工作。2013年，洛场积极开展广州市第二批美丽乡村试点创建工作，以建设现代化新型特色文化生态村为目标，按照"绿化、亮化、净化、美化"的原则对村落环境进行了整治，按照"水清、流畅、岸绿、景美"的标准对河道沟塘进行了疏浚，实现了10公里村路100%硬底化，村道、自然村面100%亮灯化，投入130万元建成占地3000平方米的文化广场，包括广场舞台、文化长廊、篮球场、羽毛球场、乒乓球台等等，为建设宜居、宜业、宜游的社会主义新农村打下基础。

2015年7月，为弘扬"望得见山，看得见水，记得住乡愁"的中国梦情怀，促进珠三角地区乡村旅游的发展，珠三角九市门户网站联合主办了

"首届珠三角最美乡村评选",评选出10个最美古村,洛场村因"50栋浑身散发出岁月的沉香和隐忍的华美、让人忍不住一再走近一睹芳容"的碉楼、"以自己独特的美,惊艳了岁月"而成为广州市入选的唯一。2015—2016年,广东省文联与民协开展了民间文化遗产抢救重要工程的古村落评选工作,洛场村也是因丰富的碉楼资源而获评广东省古村落。

2013年,"花山小镇"国际文化艺术村项目正式启动,并借力于广州市文明示范村、广州市第二批美丽乡村示范点、珠三角最美古村和广东省古村落的创建工作,开始了洛场村"涅槃"的征程。

筑巢引凤

习近平总书记视察农村工作时强调,农村绝不能成为荒芜的农村、留守的农村、记忆中的故园……建设社会主义新农村,要规划先行,遵循乡村自身发展规律,注意乡土味道,保留乡村风貌,留住田园乡愁……不能大拆大建,特别是古村落要保护好。

小镇提出了以文化为龙头和核心,以创意为手段,以碉楼为依托,将特色文物资源与历史文化遗产及现代时尚生活消费跨界嫁接,达到保护活化碉楼和促进乡村发展的理念。按照"规划先行,分期实施"的原则,高起点、高标准、高要求谋划布局,规划总投资1.45亿元,总规划面积约30万平方米,总建筑面积约13万平方米,将洛场村打造成一个以碉楼和侨乡历史文化为特色的、集文化创作及经营、博物展览、美食娱乐、度假休闲等各种业态并存的多元化可持续发展的中高端文化集聚村落和综合文化旅游区。

小镇在规划建设与经营运作中紧紧抓住"创新"与"创意"两个关键词,进行积极大胆的探索与实践。一是体制模式创新。建立"政府推动、市场主导、企业运作"的发展模式,三者各司其职,既不缺位又不越位。二是开发模式创新。摒弃大拆大建的做法,采用"微改

原中国美术家协会副主席陈永正教授(左一)考察花山小镇

造"方式,保留古村落的原生态,使碉楼既得到了保护又焕发了生机。三是经营模式创新。不同业态相互混搭融汇,传统与时尚、东方与西方、艺术与商业的元素与特色融为一体,不同主题的文化活动精彩纷呈。

小镇的发展使碉楼得到"活化"保护,古村有了"人气"而洋溢生活气息。村民通过出租闲置和弃置旧房屋增加了收入,人居环境大大改善,大大增强了自豪感与使命感。政府给小镇提供了优质的服务,积极为企业创造交流平台,严格了进驻的门槛,使企业对小镇的未来充满了信心。

近两年,小镇被作为专题案例写进了《广州文化创意发展蓝皮书》,被广东省旅游局作为旅游发展典型报给了国家旅游局。

百鸟来朝

小镇分三期开发,首期占地约3万平方米,建筑面积约2万平方米,目前开发了7座碉楼、19栋旧民居,已略具雏形,进驻有艺术衍生品馆"茶舍"、香道花道陶艺坊"陶花香"、花都书画院、"歌乐"音乐视频工作室、花山书院、文化创意中餐厅"朴食"、有机农产品体验馆"寒舍"、特色创意西餐厅"喜洲吧"、手工作坊"黑糖铺子"、红酒咖啡馆"歌乐吧"、音乐吧"碉楼驿站"、主题客栈"住下"等14个项目。下面,让我们走进小镇,领略文化创意产业的别样风情。

〇陶花香。设在"彰柏家塾",这是过去村里为宗族子弟进行旧式启蒙教学的学馆,是村里最早利用政府文物保护资金进行修葺的建筑,也是小镇开始筹备运作时的大本营,现在开辟为香道、茶艺、花道、陶艺馆,人们在青砖碉楼和略带几分禅意与道家文化的氛围里,在沉香芬芳和清幽茶香中,听着悠悠的国学诵读声,细细品味中华文化的精妙。

〇喜洲吧。设在"津仁楼",是一家深受年青人追捧的创意西餐厅,在古碉楼里品尝意粉和牛扒,东西方文化、传统与时尚在这里碰撞融合,碉楼被注入新元素而得以"活化",展示出另一种独特的魅力,这正是小镇的初衷。

〇朴食。利用农家老屋改装而成,这家创意中餐厅的老板非常用心地将古旧的东西巧妙地应用于餐厅的设计装饰,一部旧留声机、一个旧石磨、一个石碓坎,在这里都变成艺术装饰品,创意和文化元素将一切都化腐朽为神奇,在猪圈改造的VIP房品尝跨国美食,别有一番新滋味。

○华侨历史博物馆。设在"鹰扬堂""静观庐"和"活钦庐",三座碉楼整体开发,通过收藏、展示华侨历史文化,彰显华侨对祖国、家乡和居住国的贡献,弘扬侨胞爱国爱乡的民族精神,促进中西文化的交流。目前,博物馆正在布展中。

○传统手工艺微型博物馆。设在"澄庐",展示岭南特色传统手工艺品,如牙雕、玉雕、木雕、石雕、广彩、广绣、石湾美陶、灰塑、珐琅、端砚、剪纸等,展现精美绝伦的工艺品,显示民间手艺人的慧心巧手,讲述每件工艺品背后动人的故事,见证着传统工艺的盛衰沧桑。目前,博物馆正在布展中。

············

小镇借助当地文明村和美丽乡村等创建之力,描画出宏远美好的前景,以宽松的投资环境和良好的政策扶持,为文化创意从业者提供了宽广的平台。三年过去了,小镇的知名度、美誉度和凝聚力、影响力不断提高,吸引了大批文化艺术人士及旅游者的青睐,引起了省、市、区领导和专家的关注,成为花都乃至广州文化旅游的一张亮丽的新名片。

经历百年沉寂的小雏凤,终于涅槃展翅,和鸣九天,绽放出最美丽的光芒!

古祠人家

后　记

　　2015年的暮春三月，正是"岭南处处花如锦，布谷声声唤春耕"，人们辛勤地播种着希望。我走进了岭南书香第一村——塱头村，开始了花都古村落的探寻之旅。2018年的火红五月，"落叶开花飞火凤，参天擎日舞丹龙"，又到木棉花开时，我结束了对辛亥黄花英雄村——三华村的采访。三年多的时间，我深入花都11个省级古村落，一次次下乡采风，采访拍照、查阅村志族谱、搜集整理资料，现在终于完成写作任务。

　　在写作过程中，深感这次创作任务的艰难。一是田野调查和实地采访不容易。2003年开展文物普查时，我对这11个古村落的线索和人脉资源有一定了解，但十多年过去了，一些对本村历史文化了解的老人纷纷谢世，健在的由于年纪大了，思维和语言组织能力都不太好，因此提供的有用信息不多。二是村志、族谱等典籍不全。这些村的村志基本没有，族谱也是新编的，往往是整个地区甚至全国性的，而本村本族的族谱却普遍遗漏，姓氏的源流追踪比较困难。三是时间安排比较紧张。由于本人在单位办公室工作，平时工作比较繁琐，只能利用周六日下乡采访，利用晚上时间进行写作，因此每期完成都比较仓促。

　　在这样的环境下，由于得到了社会多方面的帮助，使我能够顺利完成写作任务，在此衷心感谢他们。一要感谢《花都乡音》主编罗文捷和编辑熊思瑶，每次去采访必定安排车辆并亲自陪同，邀请摄影大师关振伦老师协助拍摄，为文章提供了精美的配图；二要感谢区文史专家陈棣生、区政协文史学习委邓静宜和言哉文化传播有限公司的胡力平女士对写作中遇到的一些疑惑给予详细的解答，感谢旅居美国旧金山的曾玉莲女士，为提供洛场村华侨的海外生活情况不遗余力；三要感谢骆泉生、邱新平等基层文化干部，积极联系村干部和村民，在采访中能够积极配合；四要感谢三华村徐金良、缠岗村罗国新等村干部热情组织村中老人进行座谈，感谢热心的村民提供宝贵的线索；五要感谢广州文史专家、茂兰居住人龚伯洪先生拨冗为本书作序，令拙作增添光彩；最后更加要感谢的是区政协文史学习委员会，给这11个古村落一个难得的聚首机会……

　　在写作过程中，我力求全方位反映古村落，但是难免以偏概全，如写洛场村，由于对华侨海外生活和碉楼主人不甚了解，虽然请朋友帮忙了解，但是写作起来还是有些心虚；在写作过程中，我力求做到严谨认真，但是有时会先入为主，如写港头村，以该村与吉星村的曾氏同出一脉为由，把吉星村先贤天然和尚放在港头村，以提升该村的知名度；在写作过程中，我愧感知浅技薄，水平十分有限，采访不够深入，难免会有诸多错漏、误漏之处，尚祈读者诸君雅正。

卢福汉
2018年6月